QMG 박문각

박문각 공인중개사

이영진 필수서 ②차

이영진 편저

WE DO
합격

노 하 우 가 합 격 을 만 든 다 !

CONTENTS

이 책의 차례

PART 01

공간정보의 구축
및 관리 등에 관한
법률

제1장 총 칙
제1절 서 설 · · · · 10
제2절 공간정보의 구축 및 관리 등에 관한 법률
　[1] 기본 이념 · · · · 11
　[2] 목 적 · · · · 12
　[3] 용어정의 · · · · 12

제2장 토지의 등록
　[1] 필 지 · · · · 15
　[2] 지 번 · · · · 16
　[3] 지 목 · · · · 18
　[4] 경 계 · · · · 24
　[5] 면 적 · · · · 26

제3장 지적공부
제1절 지적공부의 등록
　[1] 의 의 · · · · 27
　[2] 토지대장 및 임야대장 · · · · 27
　[3] 공유지연명부 및 대지권등록부 · · · · 28
　[4] 지적도 및 임야도 · · · · 28
　[5] 경계점좌표등록부 · · · · 29
제2절 지적공부의 보관, 반출 및 공개
　[1] 지적공부의 보존 등 · · · · 30
　[2] 지적전산자료의 이용 등 · · · · 31
　[3] 지적공부의 복구 · · · · 32
　[4] 부동산종합공부 · · · · 34

제4장 토지의 이동 및 지적정리
제1절 토지이동
　[1] 의 의 · · · · 36
　[2] 신규등록 · · · · 36

[3] 등록전환   · · · ·   37

[4] 분 할   · · · ·   38

[5] 합 병   · · · ·   39

[6] 지목변경   · · · ·   41

[7] 바다로 된 토지의 등록말소 및 회복   · · · ·   42

제2절 토지이동 신청권자 및 특례

[1] 토지이동 신청권자   · · · ·   43

[2] 신청의 대위   · · · ·   43

[3] 토지이동 신청특례   · · · ·   44

제3절 축척변경

[1] 서 설   · · · ·   45

[2] 절 차   · · · ·   45

[3] 축척변경위원회   · · · ·   49

제4절 등록사항의 정정   · · · ·   50

제5절 지적공부의 정리

[1] 지적공부의 정리   · · · ·   52

[2] 토지소유자 등의 변경에 다른 지적공부의 정리   · · · ·   52

[3] 토지표시변경등기의 촉탁   · · · ·   53

[4] 지적정리의 통지   · · · ·   54

제5장 지적측량

제1절 서 설

[1] 지적측량의 의의   · · · ·   55

[2] 지적측량의 대상   · · · ·   55

[3] 지적측량의 구분   · · · ·   56

제2절 지적측량절차   · · · ·   56

제3절 지적측량기준점표지의 설치 및 관리 등   · · · ·   58

제4절 지적위원회 및 지적측량적부심사

[1] 지적위원회   · · · ·   59

[2] 지적측량적부심사   · · · ·   61

CONTENTS
이 책의 차례

PART
02

부동산등기법

제1장 총 칙
제1절 서 설
　[1] 의 의 　　　　　　　　　　　　　　　　　 ···· 66
　[2] 부동산등기의 종류 　　　　　　　　　　　 ···· 66
제2절 등기할 사항
　[1] 등기사항 　　　　　　　　　　　　　　　　 ···· 67
　[2] 등기할 사항인 물건 　　　　　　　　　　　 ···· 68
　[3] 등기할 사항인 권리 　　　　　　　　　　　 ···· 68
　[4] 등기할 사항인 약정 　　　　　　　　　　　 ···· 69
제3절 등기의 효력
　[1] 종국등기(본등기) 　　　　　　　　　　　　 ···· 69
　[2] 가등기 　　　　　　　　　　　　　　　　　 ···· 72
제4절 등기의 유효요건
　[1] 형식적 유효요건 　　　　　　　　　　　　　 ···· 72
　[2] 실체적 유효요건 　　　　　　　　　　　　　 ···· 73

제2장 등기의 기관과 설비
제1절 등기소
　[1] 의 의 　　　　　　　　　　　　　　　　　 ···· 74
　[2] 관 할 　　　　　　　　　　　　　　　　　 ···· 74
제2절 등기관
　[1] 의 의 　　　　　　　　　　　　　　　　　 ···· 75
　[2] 등기관의 업무처리의 제한 　　　　　　　　 ···· 75
제3절 등기부 　　　　　　　　　　　　　　　　 ···· 76
제4절 구분건물에 관한 등기 　　　　　　　　　 ···· 77
제5절 장부의 보존 및 관리
　[1] 장부의 관리 　　　　　　　　　　　　　　　 ···· 79
　[2] 등기사항의 열람과 증명(공개) 　　　　　　 ···· 79

제3장 등기절차 총론

제1절 등기절차 개시
[1] 신청주의원칙과 그 예외 　　　　　‥‥　81
[2] 등기신청의 당사자능력(등기명의적격) 　‥‥　83
[3] 등기신청능력 　　　　　　　　　　‥‥　84

제2절 등기신청인
[1] 공동신청 　　　　　　　　　　　　‥‥　84
[2] 단독신청 　　　　　　　　　　　　‥‥　85
[3] 제3자에 의한 등기신청 　　　　　　‥‥　86

제3절 등기신청
[1] 등기신청의 방법 　　　　　　　　　‥‥　88
[2] 신청정보 　　　　　　　　　　　　‥‥　89
[3] 첨부정보
　1. 등기원인을 증명하는 정보(등기원인증서) 　‥‥　90
　2. 등기의무자의 권리에 관한 등기필증·등기의무자의
　　등기필정보 　　　　　　　　　　　‥‥　91
　3. 인감증명서 　　　　　　　　　　　‥‥　92
　4. 등기원인에 대하여 제3자의 허가, 동의 또는 승낙이
　　필요한 경우에는 이를 증명하는 정보 　‥‥　94
　5. 주소를 증명하는 정보 　　　　　　‥‥　94
　6. (등기권리자의)주민등록번호(또는 부동산등기용등록번호)를
　　증명하는 정보 　　　　　　　　　　‥‥　94
　7. 대장등본 기타 부동산표시증명서면 　‥‥　95
　8. 도 면 　　　　　　　　　　　　　‥‥　95
[4] 전자신청 　　　　　　　　　　　　‥‥　96

CONTENTS
이 책의 차례

제4절 등기신청의 접수 및 심사

[1] 등기신청의 접수 · · · · 97

[2] 등기신청에 대한 심사

　1. 형식적 심사주의 · · · · 98

　2. 등기신청의 각하 · · · · 98

　3. 등기신청의 취하 · · · · 100

제5절 등기의 실행 · · · · 101

제6절 등기완료 후의 절차

　1. 등기필정보의 작성·통지 · · · · 101

　2. 등기완료의 통지 · · · · 102

　3. 대장소관청에 소유권변경 사실의 통지 · · · · 102

　4. 과세자료의 제공 · · · · 102

제7절 등기관의 처분에 대한 이의신청

[1] 요 건 · · · · 103

[2] 이의신청절차 · · · · 103

[3] 이의신청에 대한 조치 · · · · 104

제4장 각종 권리의 등기절차

제1절 소유권보존등기

[1] 신청에 의한 보존등기 · · · · 105

[2] 직권에 의한 소유권보존등기 · · · · 107

제2절 소유권이전등기

[1] 소유권이전등기

　1. 소유권 일부의 이전등기 · · · · 107

　2. 유증으로 인한 소유권이전등기 · · · · 108

　3. 토지수용에 의한 소유권이전등기 · · · · 109

　4. 진정명의회복을 원인으로 하는 소유권이전등기 · · · · 111

　5. 상속을 원인으로 하는 소유권이전등기 · · · · 111

[2] 환매특약의 등기 · · · · 112

[3] 신탁의 등기 · · · · 113

제3절 소유권 이외의 권리에 관한 등기

   [1] 지상권의 등기   ···· 116

   [2] 지역권의 등기   ···· 117

   [3] 전세권의 등기   ···· 118

   [4] 임차권의 등기   ···· 119

   [5] 저당권의 등기   ···· 119

   [6] 저당권부채권질권등기   ···· 121

제5장 각종 등기의 특별절차

제1절 변경등기   ···· 122

제2절 경정등기   ···· 124

제3절 말소등기   ···· 125

제4절 말소회복등기   ···· 127

제5절 멸실등기   ···· 129

제6절 가등기와 가처분등기

   [1] 가등기   ···· 130

   [2] 가처분등기   ···· 132

제1장 총 칙
제2장 토지의 등록
제3장 지적공부
제4장 토지의 이동 및 지적정리
제5장 지적측량

공간정보의 구축 및 관리 등에 관한 법률

총 칙

제1절 서 설

1 지적제도와 등기제도의 비교

구 분	지적제도	등기제도
기 능	토지에 대한 물리적 현황	토지에 대한 권리관계의 공시
근본이념	국정주의 직권등록주의 실질적 심사주의 형식주의(등록주의) 공개주의	사적자치의 원칙 당사자 신청주의 형식적 심사주의 성립요건주의 공개주의
공부의 편제	물적 편성주의 리·동별 지번순	물적 편성주의 리·동별 지번순
신청방법	직권등록주의 단독신청(토지소유자)	신청주의 공동신청주의(등기권리자 및 등기의무자)
등록필지	약 3,600만 필지(전국토지100%)	약 3,500만 필지(전국토지95%)
추정력	불인정	인정
공신력	불인정	불인정
객 체	전국의 모든 토지	토지와 건물

제2절 공간정보의 구축 및 관리 등에 관한 법률

1 기본 이념

1. 지적국정주의

지적에 관한 사항(지번, 지목, 면적, 경계, 좌표)은 국가만이 결정할 수 있다.

2. 지적형식주의(＝지적등록주의)

지적에 관한 사항(지번, 지목, 면적, 경계, 좌표)은 반드시 지적공부에 등록하는 형식을 갖춘 때에 법적효력이 발생한다.

3. 지적공개주의

지적공부에 등록된 사항은 일반 국민이 그 내용을 알 수 있도록 공개되어야 한다. 지적공개주의에 따라 지적공부의 열람, 등본교부청구, 경계복원측량(경계감정측량)청구, 지적측량기준점성과의 열람 및 등본교부 청구 등을 인정하고 있다.

4. 실질적 심사주의

토지이동시에 소관청이 토지이동조사나 측량검사를 실시하여 사실관계의 부합여부를 확인한 후 지적공부에 정리한다.

5. 직권등록주의

토지소유자 등의 신청이 없더라도 지적에 관한 사항은 소관청이 강제적으로 지적공부에 등록·공시하는 것을 말한다.

6. 법률규정

(1) 국토교통부장관은 모든 토지에 대하여 필지별로 소재·지번·지목·면적·경계 또는 좌표 등을 조사·측량하여 지적공부에 등록하여야 한다. 지적공부에 등록하는 지번·지목·면적·경계 또는 좌표는 토지의 이동이 있을 때 토지소유자(법인이 아닌 사단이나 재단의 경우에는 그 대표자나 관리인을 말한다)의 신청을 받아 지적소관청이 결정한다.

(2) 다만, 신청이 없으면 지적소관청이 직권으로 조사·측량하여 결정할 수 있다.

① 지적소관청은 토지의 이동현황을 직권으로 조사·측량하여 토지의 지번·지목·면적·경계 또는 좌표를 결정하려는 때에는 토지이동현황 조사계획을 수립하여야 한다. 이 경우 토지이동현황 조사계획은 시·군·구별로 수립하되, 부득이한 사유가 있는 때에는 읍·면·동별로 수립할 수 있다.

② 지적소관청은 토지이동현황 조사계획에 따라 토지의 이동현황을 조사한 때에는 토지이동 조사부에 토지의 이동현황을 적어야 한다.

③ 지적소관청은 지적공부를 정리하려는 때에는 토지이동 조사부를 근거로 토지이동 조서를 작성하여 토지이동정리 결의서에 첨부하여야 하며, 토지이동조서의 아래 부분 여백에 "「공간정보의 구축 및 관리 등에 관한 법률」에 따른 직권 정리"라고 적어야 한다.

④ 지적소관청은 토지이동현황 조사 결과에 따라 토지의 지번·지목·면적·경계 또는 좌표를 결정한 때에는 이에 따라 지적공부를 정리하여야 한다.

2 목 적

이 법은 측량 및 수로조사의 기준 및 절차와 지적공부의 작성 및 관리 등에 관한 사항을 규정함으로써 국토의 효율적 관리와 해상교통의 안전 및 국민의 소유권 보호에 기여함을 목적으로 한다.

3 용어정의

1. 지적측량이란 토지를 지적공부에 등록하거나 지적공부에 등록된 경계점을 지상에 복원하기 위하여 필지의 경계 또는 좌표와 면적을 정하는 측량을 말한다.

2. 측량성과란 측량을 통하여 얻은 최종 결과를 말한다.

3. 지적소관청이란 지적공부를 관리하는 특별자치시장, 시장(「제주특별자치도 설치 및 국제자유도시 조성을 위한 특별법」에 따른 행정시의 시장을 포함하며, 「지방자치법」에 따라 자치구가 아닌 구를 두는 시의 시장은 제외한다)·군수 또는 구청장(자치구가 아닌 구의 구청장을 포함한다)을 말한다.

4. 지적공부란 토지대장, 임야대장, 공유지연명부, 대지권등록부, 지적도, 임야도 및 경계점좌표등록부 등 지적측량 등을 통하여 조사된 토지의 표시와 해당 토지의 소유자 등을 기록한 대장 및 도면(정보처리시스템을 통하여 기록·저장된 것을 포함한다)을 말한다.

5. 토지의 표시란 지적공부에 토지의 소재·지번·지목·면적·경계 또는 좌표를 등록한 것을 말한다.

6. 필지란 대통령령으로 정하는 바에 따라 구획되는 토지의 등록단위를 말한다.

7. 지번이란 필지에 부여하여 지적공부에 등록한 번호를 말한다.

8. 지번부여지역이란 지번을 부여하는 단위지역으로서 동·리 또는 이에 준하는 지역을 말한다.

9. 지목이란 토지의 주된 용도에 따라 토지의 종류를 구분하여 지적공부에 등록한 것을 말한다.

10. 경계점이란 필지를 구획하는 선의 굴곡점으로서 지적도나 임야도에 도해 형태로 등록하거나 경계점좌표등록부에 좌표 형태로 등록하는 점을 말한다.

11. 경계란 필지별로 경계점들을 직선으로 연결하여 지적공부에 등록한 선을 말한다.

12. 면적이란 지적공부에 등록한 필지의 수평면상 넓이를 말한다.

13. 토지의 이동(異動)이란 토지의 표시를 새로 정하거나 변경 또는 말소하는 것을 말한다.

14. 신규등록이란 새로 조성된 토지와 지적공부에 등록되어 있지 아니한 토지를 지적공부에 등록하는 것을 말한다.

15. 등록전환이란 임야대장 및 임야도에 등록된 토지를 토지대장 및 지적도에 옮겨 등록하는 것을 말한다.

16. 분할이란 지적공부에 등록된 1필지를 2필지 이상으로 나누어 등록하는 것을 말한다.

17. 합병이란 지적공부에 등록된 2필지 이상을 1필지로 합하여 등록하는 것을 말한다.

18. 지목변경이란 지적공부에 등록된 지목을 다른 지목으로 바꾸어 등록하는 것을 말한다.

19. 축척변경이란 지적도에 등록된 경계점의 정밀도를 높이기 위하여 작은 축척을 큰 축척으로 변경하여 등록하는 것을 말한다.

20. 지적측량

토지를 지적공부에 등록하거나 지적공부에 등록된 경계점을 지상에 복원하기 위하여 필지의 경계 또는 좌표와 면적을 정하는 측량을 말하며, 지적확정측량 및 지적재조사측량을 포함한다.

21. 지적확정측량

도시개발사업 등에 따른 사업이 끝나 토지의 표시를 새로 정하기 위하여 실시하는 지적 측량을 말한다.

22. 지적재조사측량

「지적재조사에 관한 특별법」에 따른 지적재조사사업에 따라 토지의 표시를 새로 정하기 위하여 실시하는 지적측량을 말한다.

23. 연속지적도

연속지적도란 지적측량을 하지 아니하고 전산화된 지적도 및 임야도 파일을 이용하여, 도면상 경계점들을 연결하여 작성한 도면으로서 측량에 활용할 수 없는 도면을 말한다.

Chapter 02

토지의 등록

1 필 지

1. 의 의

필지란 대통령령으로 정하는 바에 따라 구획되는 토지의 등록단위를 말한다.

2. 1필지의 성립요건

(1) 지번부여지역이 동일할 것(법정 동·리)

(2) 토지소유자가 동일할 것

(3) 지목(용도)이 동일할 것

(4) 축척이 동일할 것

(5) 지반이 연속할 것

(6) 등기여부가 동일할 것

3. 양입지

(1) 의 의

① 1필지의 성립요건 중 토지 일부분의 용도가 다른 일정한 경우에 별개의 필지로 획정하지 않고, 주된 용도의 토지에 편입되어 1필지로 획정되는 종된 용도의 토지를 양입지라 한다.

② 소규모 토지에 대한 공시의 어려움을 방지하고, <u>주지목추종의 원칙</u>의 표현이다.

(2) 요 건

① 주된 용도의 토지의 편의를 위하여 설치된 도로·구거 등의 부지

② 주된 용도의 토지에 접속되거나 주된 용도의 토지로 둘러싸인 토지로서 다른 용도로 사용되고 있는 토지

(3) 양입지의 제한

① 종된 용도의 토지 면적이 주된 용도의 토지 면적의 10퍼센트를 초과

② 종된 용도의 토지의 지목(地目)이 "대"(垈)인 경우

③ 종된 용도의 토지 면적이 330제곱미터를 초과하는 경우

2 지 번

1. 의 의

지번이란 필지에 부여하여 지적공부에 등록한 번호를 말한다.

2. 표기와 구성

(1) 표 기

① 지번은 아라비아숫자로 표기하되, 임야대장 및 임야도에 등록하는 토지의 지번은 숫자 앞에 "산"자를 붙인다.

② 지번은 본번과 부번으로 구성하되, 본번과 부번 사이에 "−"표시로 연결한다. 이 경우 "−"표시는 "의"라고 읽는다.

(2) 구 성

① 본번만으로 구성하는 단식지번(121, 산121)

② 부번까지 구성하는 복식지번(121−1, 산121−1)

③ 부번만으로는 구성이 불가능하다.(−9, −35)

3. 공간정보의 구축 및 관리 등에 관한 법률에 따른 지번부여

(1) 원 칙

① 지번은 지적소관청이 지번부여지역별로 차례대로 부여한다.

② 지번은 북서에서 남동으로 순차적으로 부여한다.

(2) 신규등록 및 등록전환

① 원칙 : 지번부여지역에서 인접토지의 본번에 부번을 붙여서 지번을 부여한다.

② 예외 : 다만, 다음의 어느 하나에 해당하는 경우

　㉠ 대상토지가 여러 필지로 되어 있는 경우

　㉡ 대상토지가 그 지번부여지역의 최종 지번의 토지에 인접하여 있는 경우

　㉢ 대상토지가 이미 등록된 토지와 멀리 떨어져 있어서 등록된 토지의 본번에 부번을 부여하는 것이 불합리한 경우에는 그 지번부여지역의 최종 본번의 다음 순번부터 본번으로 하여 순차적으로 지번을 부여할 수 있다.

(3) 분할의 경우

① 원칙 : 분할 후의 필지 중 1필지의 지번은 분할 전의 지번으로 하고, 나머지 필지의 지번은 본번의 최종 부번 다음 순번으로 부번을 부여한다.

② 예외 : 이 경우 주거·사무실 등의 건축물이 있는 필지에 대해서는 분할 전의 지번을 우선하여 부여하여야 한다.

(4) 합병의 경우

① 원칙 : 합병 대상 지번 중 선순위의 지번을 그 지번으로 하되, 본번으로 된 지번이 있을 때에는 본번 중 선순위의 지번을 합병 후의 지번으로 한다.

② 예외 : 이 경우 토지소유자가 합병 전의 필지에 주거·사무실 등의 건축물이 있어서 그 건축물이 위치한 지번을 합병 후의 지번으로 신청할 때에는 그 지번을 합병 후의 지번으로 부여하여야 한다.

(5) 도시개발사업 등이 완료됨에 따라 지적확정측량을 실시한 지역

① 원칙 : 각 필지에 지번을 새로 부여하는 경우에는 다음 각 목의 지번을 제외한 본번으로 부여한다.

　㉠ 지적확정측량을 실시한 지역의 종전의 지번과 지적확정측량을 실시한 지역 밖에 있는 본번이 같은 지번이 있을 때에는 그 지번

　㉡ 지적확정측량을 실시한 지역의 경계에 걸쳐 있는 지번

② 예외 : 다만, 부여할 수 있는 종전 지번의 수가 새로 부여할 지번의 수보다 적을 때에는 ㉠ 블록 단위로 하나의 본번을 부여한 후 필지별로 부번을 부여 하거나, ㉡ 그 지번부여지역의 최종 본번 다음 순번부터 본번으로 하여 차례로 지번을 부여할 수 있다.

③ 지적확정측량을 실시한 지역안의 지번부여방법을 준용
　㉠ 지번부여지역의 지번을 변경할 때
　㉡ 행정구역 개편에 따라 새로 지번을 부여할 때
　㉢ 축척변경 시행지역의 필지에 지번을 부여할 때

(6) 도시개발사업 등 준공 전 지번부여

① 도시개발사업 등이 준공되기 전에 사업시행자가 지번부여 신청을 하면 지번을 부여할 수 있다.
② 지적소관청은 도시개발사업 등이 준공되기 전에 지번을 부여하는 때에는 사업계획도에 따르되, 지적확정측량시행지역에 있어서의 지번부여방법에 따라 부여하여야 한다.

4. 지번의 변경 : 시·도지사나 대도시 시장의 승인을 받아야 한다.

3 지목

1. 의 의

토지의 주된 용도에 따라 토지의 종류를 구분하여 지적공부에 등록한 것을 말한다.

2. 지목설정원칙

(1) 1필지1지목의 원칙

(2) 주지목추종의 원칙

(3) 영속성의 원칙(일시변경불변의 원칙)

(4) 법정지목의 원칙

(5) 사용목적추종의 원칙

3. 지목의 구분

(1) 전

물을 상시적으로 이용하지 않고 곡물·원예작물(과수류는 제외한다)·약초·뽕나무·닥나무·묘목·관상수 등의 식물을 주로 재배하는 토지와 식용죽순을 재배하는 토지

(2) 답

물을 상시적으로 직접 이용하여 벼·연·미나리·왕골 등의 식물을 주로 재배하는 토지

⊘ 지목이 답인 토지에 양송이재배사를 신축하여 사용하고 있을 경우 : 답

(3) 과수원

사과·배·밤·호두·귤나무 등 과수류를 집단적으로 재배하는 토지와 이에 접속된 저장고 등 부속시설물의 부지. cf. 주거용 건축물의 부지 : 대

⊘ 과수원 안에 있는 농산물 저온저장창고 : 과수원

⊘ 준농림지역의 전 또는 답에 키위 및 포도나무를 식재하여 이용중인 경우 : 과수원

(4) 목장용지

다음 각 목의 토지. cf. 주거용 건축물의 부지 : 대

① 축산업 및 낙농업을 하기 위하여 초지를 조성한 토지

② 「축산법」에 따른 가축을 사육하는 축사 등의 부지

③ 부속시설물의 부지

> 가축이란 사육하는 소·말·양(염소 등 산양을 포함한다. 이하 같다)·돼지·닭, 노새·당나귀·토끼·개 및 사슴, 오리·거위·칠면조 및 메추리, 꿀벌, 타조, 꿩

⊘ 농지에 다년성식물 재배허가를 받아 목초를 재배한 경우 : 목장용지

(5) 임야

산림 및 원야(原野)를 이루고 있는 수림지(樹林地)·죽림지·암석지·자갈땅·모래땅·습지·황무지 등의 토지

(6) 광천지

지하에서 온수·약수·석유류 등이 용출되는 용출구와 그 유지에 사용되는 부지

cf. 온수·약수·석유류 등을 일정한 장소로 운송하는 송수관·송유관 및 저장시설의 부지 : 잡종지

(7) 염전

바닷물을 끌어들여 소금을 채취하기 위하여 조성된 토지와 이에 접속된 제염장 등 부속시설물의 부지

cf. 천일제염 방식으로 하지 아니하고 동력으로 바닷물을 끌어들여 소금을 제조하는 공장시설물의 부지 : 공장용지

(8) 대

① 영구적 건축물 중 주거·사무실·점포와 박물관·극장·미술관 등 문화시설과 이에 접속된 정원 및 부속시설물의 부지

② 「국토의 계획 및 이용에 관한 법률」 등 관계 법령에 따른 택지조성공사가 준공된 토지
   ⊚ 토지구획정리사업이 완료된 지구내 전·답 : 대
   ⊚ 형질변경 등이 완료된 토지(건축예정지) : 대
   ⊚ 농가주택 부지 내에 축사를 신축한 경우 : 대
   ⊚ 1가구만 사용하는 건축물 출입통로 : 대

(9) 공장용지

① 제조업을 하고 있는 공장시설물의 부지

② 「산업집적활성화 및 공장설립에 관한 법률」 등 관계 법령에 따른 공장부지조성공사가 준공된 토지

③ ①및 ②의 토지와 같은 구역 안에 있는 의료시설 등 부속시설물의 부지
   ⊚ 벽돌공장 부지 : 공장용지
   ⊚ 공장안에 사원들의 여가선용 및 체력증진을 위하여 조성한 체육시설(테니스장·족구장)일 경우 : 공장용지

(10) 학교용지

학교의 교사와 이에 접속된 체육장 등 부속시설물의 부지

(11) 주차장

자동차 등의 주차에 필요한 독립적인 시설을 갖춘 부지와 주차전용 건축물 및 이에 접속된 부속시설물의 부지

cf. 「주차장법」에 따른 노상주차장 : 도로 부설주차장 : 대

cf. 「주차장법」에 따라 시설물의 부지 인근에 설치된 부설주차장 : 주차장

cf. 자동차 등의 판매 목적으로 설치된 물류장 및 야외전시장 : 잡종지

(12) 주유소용지

① 석유·석유제품, 액화석유가스, 전기 또는 수소 등의 판매를 위하여 일정한 설비를 갖춘 시설물의 부지

② 저유소 및 원유저장소의 부지와 이에 접속된 부속시설물의 부지

　　cf. 자동차·선박·기차 등의 제작 또는 정비공장 안에 설치된 급유·송유시설 등의 부지 : 공장용지

(13) 창고용지

물건 등을 보관하거나 저장하기 위하여 독립적으로 설치된 보관시설물의 부지와 이에 접속된 부속시설물의 부지

(14) 도로

① 일반 공중(公衆)의 교통 운수를 위하여 보행이나 차량운행에 필요한 일정한 설비 또는 형태를 갖추어 이용되는 토지

② 「도로법」 등 관계 법령에 따라 도로로 개설된 토지

③ 고속도로의 휴게소 부지

④ 2필지 이상에 진입하는 통로로 이용되는 토지

　　cf. 아파트·공장 등 단일 용도의 일정한 단지 안에 설치된 통로 : 대 또는 공장용지

(15) 철도용지

교통 운수를 위하여 일정한 궤도 등의 설비와 형태를 갖추어 이용되는 토지와 이에 접속된 역사·차고·발전시설 및 공작창 등 부속시설물의 부지

(16) 제방

조수·자연유수·모래·바람 등을 막기 위하여 설치된 방조제·방수제·방사제·방파제 등의 부지

(17) 하천

자연의 유수가 있거나 있을 것으로 예상되는 토지

(18) 구거

용수 또는 배수를 위하여 일정한 형태를 갖춘 인공적인 수로·둑 및 그 부속시설물의 부지와 자연의 유수가 있거나 있을 것으로 예상되는 소규모 수로부지

(19) 유지

물이 고이거나 상시적으로 물을 저장하고 있는 댐·저수지·소류지·호수·연못 등의 토지와 연·왕골 등이 자생하는 배수가 잘 되지 아니하는 토지

(20) 양어장

육상에 인공으로 조성된 수산생물의 번식 또는 양식을 위한 시설을 갖춘 부지와 이에 접속된 부속시설물의 부지

(21) 수도용지

물을 정수하여 공급하기 위한 취수·저수·도수·정수·송수 및 배수 시설의 부지 및 이에 접속된 부속시설물의 부지

(22) 공원

일반 공중의 보건·휴양 및 정서생활에 이용하기 위한 시설을 갖춘 토지로서 「국토의 계획 및 이용에 관한 법률」에 따라 공원 또는 녹지로 결정·고시된 토지

(23) 체육용지

국민의 건강증진 등을 위한 체육활동에 적합한 시설과 형태를 갖춘 종합운동장·실내체육관·야구장·골프장·스키장·승마장·경륜장 등 체육시설의 토지와 이에 접속된 부속시설물의 부지

cf. 체육시설로서의 영속성과 독립성이 미흡한 정구장·골프연습장·실내수영장 및 체육도장, 유수(流水)를 이용한 요트장 및 카누장, 산림 안의 야영장 등의 토지는 제외한다.

⊘ 테니스장 부지 : 체육용지
⊘ 눈썰매장 : 체육용지
⊘ 볼링장 부지 : 체육용지
⊘ 관계법령에 의거 인·허가를 받아 영속성과 독립성을 갖춘 골프연습장 및 부속시설물의 부지 : 체육용지

(24) 유원지

일반 공중의 위락·휴양 등에 적합한 시설물을 종합적으로 갖춘 수영장·유선장(遊船場)·낚시터·어린이놀이터·동물원·식물원·민속촌·경마장·야영장 등의 토지와 이에 접속된 부속시설물의 부지.

cf. 이들 시설과의 거리 등으로 보아 독립적인 것으로 인정되는 숙식시설 및 유기장의 부지와 하천·구거 또는 유지[공유(公有)인 것으로 한정한다]로 분류되는 것은 제외한다.

(25) 종교용지

일반 공중의 종교의식을 위하여 예배·법요·설교·제사 등을 하기 위한 교회·사찰·향교 등 건축물의 부지와 이에 접속된 부속시설물의 부지

◎ 종교시설(교회)과 접속된 주택 부지
  건축물의 용도가 주택이라 하더라도 교회유지 관리에 필요한 관계자가 거주하는 경우 : 종교용지

◎ 제례의식을 목적으로 건립된 사당 : 종교용지

(26) 사적지

문화재로 지정된 역사적인 유적·고적·기념물 등을 보존하기 위하여 구획된 토지

cf. 학교용지·공원·종교용지 등 다른 지목으로 된 토지에 있는 유적·고적·기념물 등을 보호하기 위하여 구획된 토지는 제외한다.

(27) 묘지

사람의 시체나 유골이 매장된 토지, 묘지공원, 봉안시설과 이에 접속된 부속시설물의 부지

cf. 묘지의 관리를 위한 건축물의 부지 : 대

(28) 잡종지

다음 각 목의 토지. 다만, 원상회복을 조건으로 돌을 캐내는 곳 또는 흙을 파내는 곳으로 허가된 토지는 제외한다.

① 갈대밭, 실외에 물건을 쌓아두는 곳, 돌을 캐내는 곳, 흙을 파내는 곳, 야외시장 및 공동우물

② 변전소, 송신소, 수신소 및 송유시설 등의 부지

③ 여객자동차터미널, 자동차운전학원 및 폐차장 등 자동차와 관련된 독립적인 시설물을 갖춘 부지

④ 공항시설 및 항만시설 부지

⑤ 도축장, 쓰레기처리장 및 오물처리장 등의 부지

⑥ 그 밖에 다른 지목에 속하지 않는 토지

⊘ 오물청소법에 의거 설치된 분뇨종말처리시설 부지 : 잡종지

⊘ 소방법 제16조의 규정에 의거 설치된 위험물 이동탱크저장소 부지 : 잡종지

⊘ 콩나물재배사 : 잡종지

4. 표기방법

(1) 대장상의 표기방법 : 정식명칭. 제방은 제방, 공원은 공원

(2) 도면상의 표기방법 : 부호

① 원칙 : 두문자원칙. 제방(제), 공원(공)

② 예외 : 주차장(차), 공장용지(장), 하천(천), 유원지(원)

4 경 계

1. 의 의

경계란 필지별로 경계점들을 직선으로 연결하여 지적공부에 등록한 선을 말한다.

2. 경계설정의 원칙

(1) 경계국정주의

(2) 경계직선주의 원칙

(3) 경계불가분의 원칙

(4) 축척종대의 원칙

(5) 부동성의 원칙

3. 경계의 설정

(1) 지상 경계의 위치표시 등

① 토지의 지상 경계는 둑, 담장이나 그 밖에 구획의 목표가 될 만한 구조물 및 경계점표지 등으로 표시한다.

② 지적소관청은 토지의 이동에 따라 지상경계를 새로 정한 경우에는 <u>지상경계점등록부</u>를 작성·관리하여야 한다.

③ 지상경계점등록부에 다음의 사항을 등록하여야 한다.

  ㉠ 토지의 소재

  ㉡ 지번

  ㉢ 경계점 좌표(경계점좌표등록부 시행지역에 한정한다)

  ㉣ 경계점 위치 설명도

  ㉤ 공부상 지목과 실제 토지이용지목

  ㉥ 경계점의 사진 파일

  ㉦ 경계점표지의 종류 및 경계점위치

(2) 지상 경계의 결정 등

① 연접되는 토지 간에 높낮이 차이가 없는 경우 : 그 구조물 등의 중앙

② 연접되는 토지 간에 높낮이 차이가 있는 경우 : 그 구조물 등의 하단부

③ 도로·구거 등의 토지에 절토된 부분이 있는 경우 : 그 경사면의 상단부

④ 토지가 해면 또는 수면에 접하는 경우 : 최대만조위 또는 최대만수위가 되는 선

⑤ 공유수면매립지의 토지 중 제방 등을 토지에 편입하여 등록하는 경우 : 바깥쪽 어깨부분

※ 지상 경계의 구획을 형성하는 구조물 등의 소유자가 다른 경우에는 위의① ② ③의 규정에도 불구하고 그 소유권에 따라 지상 경계를 결정한다.

(3) 분할에 따른 지상경계

① 원칙 : 분할에 따른 지상 경계는 지상건축물을 걸리게 결정해서는 아니된다.

② 예외

  ㉠ 법원의 확정판결이 있는 경우

  ㉡ 공공사업 등에 따라 학교용지·도로·철도용지·제방·하천·구거·유지·수도용지 등의 지목으로 되는 토지를 분할하는 경우

  ㉢ 도시개발사업 등의 사업시행자가 사업지구의 경계를 결정하기 위하여 토지를 분할하려는 경우

  ㉣ 「국토의 계획 및 이용에 관한 법률」에 따른 도시·군관리계획 결정고시와 지형도면 고시가 된 지역의 도시·군관리계획선에 따라 토지를 분할하려는 경우

5 면 적

1. 의의 : 지적공부에 등록한 필지의 수평면상 넓이를 말한다.

2. 등록단위

면적의 단위는 제곱미터로 한다. 평(보) × 400/121 = 3.3058m²

3. 면적측정의 대상

(1) 세부측량을 하는 경우

① 지적공부의 복구·신규등록·등록전환·분할 및 축척변경을 하는 경우
② 면적 또는 경계를 정정하는 경우
③ 도시개발사업 등으로 인한 토지의 이동에 따라 토지의 표시를 새로 결정하는 경우
④ 경계복원측량 및 지적현황측량에 면적측정이 수반되는 경우

(2) 면적측정대상이 되지 않는 것

지번변경, 지목변경, 합병, 위치정정, 경계복원측량과 지적현황측량

4. 면적측정의 방법

(1) 전자면적계산법, 좌표면적계산법

(2) 면적의 결정 및 측량계산의 단수처리

지적도(7가지) : 1/500(경계점좌표등록부시행지역), 1/600, 1/1000, 1/1200, 1/2400, 1/3000, 1/6000

임야도(2가지) : 1/3000, 1/6000

축척의 분모가 100단위(1/500, 1/600)	축척의 분모가 1000단위(1/1000~1/6000)
최소단위면적는 0.1 m² 0.05를 초과 : 올리고 0.05 미만 : 버리고 0.05 이면 : 구하고자 하는 끝자리의 숫자가 홀수 : 올리고, 0 또는 짝수 : 버린다.	최소단위면적는 1 m² 0.5를 초과 : 올리고 0.5 미만 : 버리고 0.5 이면 : 구하고자 하는 끝자리의 숫자가 홀수 : 올리고, 0 또는 짝수 : 버린다.
430.55 = 430.6 430.65 = 430.6	1230.5 = 1230 1231.5 = 1232

지적공부

제1절 지적공부의 등록

1 의 의

지적공부란 토지대장, 임야대장, 공유지연명부, 대지권등록부, 지적도, 임야도 및 경계점 좌표등록부 등 지적측량 등을 통하여 조사된 토지의 표시와 해당 토지의 소유자 등을 기록한 대장 및 도면(정보처리시스템을 통하여 기록·저장된 것을 포함한다)을 말한다.

2 토지대장 및 임야대장

① 토지의 소재

② 지번

③ 지목

④ 면적

⑤ 토지의 고유번호

⑥ 소유자의 성명 또는 명칭, 주소 및 주민등록번호(국가, 지방자치단체, 법인, 법인 아닌 사단이나 재단 및 외국인의 경우에는 「부동산등기법」에 따라 부여된 등록번호를 말한다.)

⑦ 토지의 이동사유

⑧ 토지등급 또는 기준수확량등급과 그 설정·수정 연월일

⑨ 토지소유자가 변경된 날과 그 원인

⑩ 개별공시지가와 그 기준일

⑪ 지적도 또는 임야도의 번호와 축척 및 필지별 토지대장 또는 임야대장의 장번호

토지의 고유번호			
1234567890	- 1	1234	- 1234
행정구역	대장구분번호	본번	부번
	1 : 토지대장		
	2 : 임야대장		

3 공유지연명부 및 대지권등록부

1. 공유지연명부

① 토지의 소재

② 지번

③ 토지의 고유번호

④ 소유자의 성명 또는 명칭, 주소 및 주민등록번호

⑤ 소유권 지분

⑥ 토지소유자가 변경된 날과 그 원인

⑦ 필지별 공유지연명부의 장번호

2. 대지권등록부

① 토지의 소재

② 지번

③ 토지의 고유번호

④ 소유자의 성명 또는 명칭, 주소 및 주민등록번호

⑤ 소유권 지분

⑥ 토지소유자가 변경된 날과 그 원인

⑦ 집합건물별 대지권등록부의 장번호

⑧ 대지권 비율

⑨ 건물의 명칭

⑩ 전유부분의 건물표시

4 지적도 및 임야도

① 토지의 소재

② 지번

③ 경계

④ 지목

⑤ 지적도면의 색인도(인접도면의 연결 순서를 표시하기 위하여 기재한 도표와 번호)

⑥ 지적도면의 제명 및 축척

⑦ 도곽선과 그 수치

⑧ 좌표에 의하여 계산된 경계점 간의 거리(경계점좌표등록부를 갖춰 두는 지역으로 한정한다)

⑨ 삼각점 및 지적기준점의 위치

⑩ 건축물 및 구조물 등의 위치

⑪ **지적소관청의 직인**

정보처리시스템을 이용하여 관리하는 지적도면의 경우에는 그러하지 아니하다.

> **참고** 경계점좌표등록부 비치지역의 지적도(특칙)
>
> ① 도면의 제명 끝에 "(좌표)"라고 표시
> ② 좌표에 의하여 계산된 경계점 간 거리(cm단위까지 표시)
> ③ 도곽선의 아래 끝에 "이 도면에 의하여 측량할 수 없음"이라고 기재

5 경계점좌표등록부

1. 의 의

경계점의 위치를 좌표만으로 등록, 공시하는 지적공부

2. 성 격

대장과 도면의 중간적 성격의 장부(＝대장형식의 도면)

3. 장·단점

① 정밀성은 높은 장점

② 이해하기 어렵다는 점과 고도의 기술과 고비용이 요구되는 단점

→ 따라서 지적도와 토지대장을 함께 비치.

4. 작성지역

경계점좌표등록부를 갖춰 두는 토지는 지적확정측량 또는 축척변경을 위한 측량을 실시하여 경계점을 좌표로 등록한 지역의 토지로 한다.

5. 등록사항

① 토지의 소재

② 지번

③ 토지의 고유번호

④ 좌표

⑤ 지적도면의 번호

⑥ 부호 및 부호도

⑦ 필지별 경계점좌표등록부의 장번호

제2절 지적공부의 보관, 반출 및 공개

1 지적공부의 보존 등

1. 보관 및 보존

	보 관	반 출	열람 및 등본 신청
지적공부	지적소관청 지적서고 영구 보존	원칙 : × 예외 : ① 천재지변이나 그 밖에 이에 준하는 재난을 피하기 위하여 필요한 경우 ② 관할 시·도지사 또는 대도시시장의 승인을 받은 경우	해당 지적소관청에게
정보처리 시스템을 통하여 기록·저장한 경우	관할 시·도지사, 시장·군수·구청장, 지적정보관리체계 영구 보존	절대로 ×	특별자치시장·시장·군수·구청장이나 읍·면·동의 장에게

※ 국토교통부장관은 정보처리시스템을 통하여 기록·저장하는 지적공부가 멸실되거나 훼손될 경우를 대비하여 지적공부를 복제하여 관리하는 정보관리체계를 구축하여야 한다.

2. 지적정보전담관리기구의 설치

① 국토교통부장관은 지적공부의 효율적인 관리 및 활용을 위하여 지적정보 전담관리기구를 설치·운영한다.

② 국토교통부장관은 지적공부를 과세나 부동산정책자료 등으로 활용하기 위하여 주민등록전산자료, 부동산등기전산자료, 가족관계등록전산자료 또는 공시지가전산자료 등을 관리하는 기관에 그 자료를 요청할 수 있으며 요청을 받은 관리기관의 장은 특별한 사정이 없는 한 이에 응하여야 한다.

2 지적전산자료의 이용 등

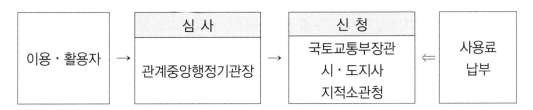

1. 의 의

지적공부에 관한 전산자료(연속지적도를 포함하며, 이하 "지적전산자료"라 한다)를 이용하거나 활용하려는 자는 국토교통부장관, 시·도지사 또는 지적소관청에 지적전산자료를 신청하여야 한다.

2. 지적전산자료의 이용절차

(1) 지적전산자료를 신청하려는 자는 지적전산자료의 이용 또는 활용 목적 등에 관하여 미리 관계 중앙행정기관의 심사를 받아야 한다.

(2) 관계 중앙행정기관의 심사를 받지 않는 경우

① 중앙행정기관의 장, 그 소속 기관의 장 또는 지방자치단체의 장이 신청하는 경우

② 토지소유자가 자기 토지에 대한 지적전산자료를 신청하는 경우

③ 토지소유자가 사망하여 그 상속인이 피상속인의 토지에 대한 지적전산자료를 신청하는 경우

④ 「개인정보 보호법」에 따른 개인정보를 제외한 지적전산자료를 신청하는 경우

(3) 중앙행정기관장의 심사·통지

심사 신청을 받은 관계 중앙행정기관의 장은

① 신청 내용의 타당성, 적합성 및 공익성

② 개인의 사생활 침해 여부

③ 자료의 목적 외 사용 방지 및 안전관리대책을 심사한 후 그 결과를 신청인에게 통지하여야 한다.

3. 지적전산자료의 신청

① 전국 단위의 지적전산자료 : 국토교통부장관, 시·도지사 또는 지적소관청

② 시·도 단위의 지적전산자료 : 시·도지사 또는 지적소관청

③ 시·군·구(자치구가 아닌 구를 포함한다) 단위의 지적전산자료 : 지적소관청

4. 사용료 납부

지적전산자료의 이용 또는 활용에 관한 승인을 받은 자는 사용료를 내야 한다. 다만, 국가나 지방자치단체에 대해서는 사용료를 면제한다.

3 지적공부의 복구

1. 서 설

지적소관청(정보처리시스템에 의하여 기록·저장된 지적공부의 경우에는 시·도지사, 시장·군수 또는 구청장)은 지적공부의 전부 또는 일부가 멸실되거나 훼손된 경우에는 지체없이 이를 복구하여야 한다. 지적소관청이 지적공부를 복구할 때에는 멸실·훼손 당시의 지적공부와 가장 부합된다고 인정되는 관계 자료에 따라 토지의 표시에 관한 사항을 복구하여야 한다.

2. 복구자료

복구에 관한 관계 자료	소유자에 관한 사항
① 지적공부의 등본 ② 측량 결과도 ③ 부동산등기부 등본 등 등기사실을 증명하는 서류 ④ 법원의 확정판결서 정본 또는 사본 ⑤ 토지이동정리 결의서 ⑥ 지적소관청이 작성하거나 발행한 지적공부의 등록내용을 증명하는 서류 ⑦ 복제된 지적공부	① 부동산등기부 ② 법원의 확정판결

3. 지적공부의 복구절차

(1) 복구자료의 조사

지적소관청은 지적공부를 복구하려는 경우에는 복구자료를 조사하여야 한다.

(2) 지적복구자료 조사서 및 복구자료도 작성

지적소관청은 조사된 복구자료 중 토지대장·임야대장 및 공유지연명부의 등록 내용을 증명하는 서류 등에 따라 지적복구자료 조사서를 작성하고, 지적도면의 등록 내용을 증명하는 서류 등에 따라 복구자료도를 작성하여야 한다.

(3) 복구측량

작성된 복구자료도에 따라 측정한 면적과 지적복구자료 조사서의 조사된 면적의 증감이 허용범위를 초과하거나 복구자료도를 작성할 복구자료가 없는 경우에는 복구측량을 하여야 한다.

(4) 복구면적의 결정

① 지적복구자료조사서의 조사된 면적이 허용범위 이내인 경우에는 <u>그 면적</u>을 복구면적으로 결정하여야 한다.

② 복구측량을 한 결과가 복구자료와 부합하지 아니하는 때에는 토지소유자 및 이해관계인의 동의를 얻어 경계 또는 면적 등을 조정할 수 있다. 이 경우 경계를 조정한 때에는 경계점표지를 설치하여야 한다.

(5) 토지표시 등의 게시

지적소관청은 복구자료의 조사 또는 복구측량 등이 완료되어 지적공부를 복구하려는 경우에는 복구하려는 토지의 표시 등을 시·군·구 게시판 및 인터넷 홈페이지에 15일 이상 게시하여야 한다.

(6) 이의신청

복구하려는 토지의 표시 등에 이의가 있는 자는 게시기간 내에 지적소관청에 이의신청을 할 수 있다.

(7) 대장 및 도면의 복구

① 지적소관청은 게시 및 이의신청을 이행한 때에는 지적복구자료 조사서, 복구자료도 또는 복구측량 결과도 등에 따라 토지대장·임야대장·공유지연명부 또는 지적도면을 복구하여야 한다.

② 토지대장·임야대장 또는 공유지연명부는 복구되고 지적도면이 복구되지 아니한 토지가 축척변경 시행지역이나 도시개발사업 등의 시행지역에 편입된 때에는 지적도면을 복구하지 아니할 수 있다.

4 부동산종합공부

1. 의 의

부동산종합공부란 토지의 표시와 소유자에 관한 사항, 건축물의 표시와 소유자에 관한 사항, 토지의 이용 및 규제에 관한 사항, 부동산의 가격에 관한 사항 등 부동산에 관한 종합정보를 정보관리체계를 통하여 기록·저장한 것을 말한다.

2. 관리 및 운영

① 지적소관청은 부동산의 효율적 이용과 부동산과 관련된 정보의 종합적 관리·운영을 위하여 부동산종합공부를 관리·운영한다.

② 지적소관청은 부동산종합공부를 영구히 보존하여야 하며, 부동산종합공부의 멸실 또는 훼손에 대비하여 이를 별도로 복제하여 관리하는 정보관리체계를 구축하여야 한다.

③ 부동산종합공부의 등록사항을 관리하는 기관의 장은 지적소관청에 상시적으로 관련 정보를 제공하여야 한다.

④ 지적소관청은 부동산종합공부의 정확한 등록 및 관리를 위하여 필요한 경우에는 등록 사항을 관리하는 기관의 장에게 관련 자료의 제출을 요구할 수 있다. 이 경우 자료의 제출을 요구받은 기관의 장은 특별한 사유가 없으면 자료를 제공하여야 한다.

3. 등록사항

① 토지의 표시와 소유자에 관한 사항 : 이 법에 따른 지적공부의 내용

② 건축물의 표시와 소유자에 관한 사항(토지에 건축물이 있는 경우만 해당한다) : 「건축법」 에 따른 건축물대장의 내용

③ 토지의 이용 및 규제에 관한 사항 : 「토지이용규제 기본법」에 따른 토지이용계획확인 서의 내용

④ 부동산의 가격에 관한 사항 : 「부동산 가격공시에 관한 법률」에 따른 개별공시지가, 개별주택가격 및 공동주택가격 공시내용

⑤ 그 밖에 부동산의 효율적 이용과 부동산과 관련된 정보의 종합적 관리·운영을 위하여 필요한 사항으로서 대통령령으로 정하는 사항 : 부동산의 권리에 관한 사항

4. 열람 및 증명서 발급

부동산종합공부를 열람하거나 부동산종합공부 기록사항의 전부 또는 일부에 관한 증명서 (부동산종합증명서)를 발급받으려는 자는 지적소관청이나 읍·면·동의 장에게 신청할 수 있다.

5. 등록사항정정

부동산종합공부의 등록사항정정에 관하여는 지적공부 등록사항의 정정규정을 준용한다.

① 지적소관청은 부동산종합공부의 등록사항정정을 위하여 부동산종합공부 각 호의 등록 사항 상호 간에 일치하지 아니하는 사항을 확인 및 관리하여야 한다.

② 지적소관청은 불일치 등록사항에 대해서는 부동산종합공부 각 호의 등록사항을 관리 하는 기관의 장에게 그 내용을 통지하여 등록사항정정을 요청할 수 있다.

③ 부동산종합공부의 등록사항정정 절차 등에 관하여 필요한 사항은 국토교통부장관이 따로 정한다.

Chapter 04

토지의 이동 및 지적정리

제1절 토지이동

1 의 의

토지의 이동이란 토지의 표시를 새로 정하거나 변경 또는 말소하는 것을 말한다.

→ 토지소유자의 변경, 소유자의 주소변경, 개별공시지가의 변경 ✕

2 신규등록

1. 의 의

신규등록이란 새로 조성된 토지와 지적공부에 등록되어 있지 아니한 토지를 지적공부에 등록하는 것을 말한다.

2. 대상토지

(1) 새로이 조성된 토지

(2) 지적공부의 등록에서 누락된 토지

3. 신 청

토지소유자는 신규등록할 토지가 있으면 그 사유가 발생한 날부터 60일 이내에 지적소관청에 신규등록을 신청하여야 한다.

4. 첨부서면(지적측량성과도 ✕, 등기사항증명서 ✕)

(1) 토지소유자는 신규등록신청서에 국토교통부령으로 정하는 서류를 첨부하여 지적소관청에 제출하여야 한다.

① 법원의 확정판결서 정본 또는 사본

② 「공유수면매립법」에 따른 준공검사확인증 사본

③ 도시계획구역의 토지를 그 지방자치단체의 명의로 등록하는 때에는 기획재정부장관과 협의한 문서의 사본

④ 그 밖에 소유권을 증명할 수 있는 서류의 사본

(2) 해당하는 서류를 해당 지적소관청이 관리하는 경우에는 지적소관청의 확인으로 그 서류의 제출을 갈음할 수 있다.

5. 지적공부에의 등록 및 정리

(1) 반드시 지적측량을 실시

(2) 토지의 소유자에 관한 사항은 소관청이 조사, 결정하여 지적공부에 등록한다.

(3) 소유권취득에 관한 증빙서류가 없는 경우에는 무주의 부동산으로 보아 소유자를 '국'으로 등록한다.

(4) 등기를 촉탁하지 않는다.

(5) 신규등록의 효력은 등록을 필한 때에 발생한다.

3 등록전환

1. 의 의

임야대장 및 임야도에 등록된 토지를 토지대장 및 지적도에 옮겨 등록하는 것을 말한다.

2. 대상토지

(1) 「산지관리법」에 따른 산지전용허가・신고, 산지일시사용허가・신고, 「건축법」에 따른 건축허가・신고 또는 그 밖의 관계 법령에 따른 개발행위허가 등을 받은 경우

(2) 대부분의 토지가 등록전환되어 나머지 토지를 임야도에 계속 존치하는 것이 불합리한 경우

(3) 도시・군관리계획선에 따라 토지를 분할하는 경우

(4) 임야도에 등록된 토지가 사실상 형질변경되었으나 지목변경을 할 수 없는 경우

3. 등록전환 신청

토지소유자는 등록전환할 토지가 있으면 그 사유가 발생한 날부터 60일 이내에 지적소관청에 등록전환을 신청하여야 한다.

4. 첨부서면

(1) 토지소유자는 등록전환신청서에 관계 법령에 따른 개발행위 허가 등을 증명하는 서류의 사본(영 제64조 제1항 제1호에 해당하는 경우로 한정한다)을 첨부하여 지적소관청에 제출하여야 한다.

(2) 등록전환에 해당하는 서류를 그 지적소관청이 관리하는 경우에는 지적소관청의 확인으로 그 서류의 제출을 갈음할 수 있다.

5. 지적공부에 등록

(1) 지적측량을 실시한다.

(2) 임야대장의 면적과 등록전환 될 면적의 차이가 오차허용 범위 이내인 경우에는 등록전환 될 면적을 등록전환면적으로 결정하고, 오차허용 범위를 초과하는 경우에는 임야대장의 면적 또는 임야도의 경계를 지적소관청이 직권으로 정정한 후 등록전환을 하여야 한다.

(3) 토지표시변경등기를 촉탁한다.

4 분 할

1. 의 의

지적공부에 등록된 1필지를 2필지 이상으로 나누어 등록하는 것을 말한다.

2. 대상토지

① 1필지의 일부가 형질변경 등으로 용도가 변경된 경우
② 소유권이전, 매매 등을 위하여 필요한 경우
③ 토지이용상 불합리한 지상 경계를 시정하기 위한 경우
　 다만, 관계 법령에 따라 해당 토지에 대한 분할이 개발행위 허가 등의 대상인 경우에는 개발행위 허가 등을 받은 이후에 분할을 신청할 수 있다.

3. 분할 신청

(1) 원칙 : 토지소유자의 자유

토지소유자는 토지를 분할하려면 지적소관청에 분할을 신청하여야 한다.

(2) 예외(신청의무)

토지소유자는 지적공부에 등록된 1필지의 일부가 형질변경 등으로 용도가 변경된 경우에는 용도가 변경된 날부터 60일 이내에 지적소관청에 토지의 분할을 신청하여야 한다.

4. 첨부서면

(1) 토지소유자는 토지의 분할신청서에 분할 허가 대상인 토지의 경우 그 허가서 사본을 첨부하여 지적소관청에 제출하여야 한다.

(2) 1필지의 일부가 형질변경 등으로 용도가 변경되어 분할을 신청할 때에는 지목변경 신청서를 함께 제출하여야 한다.

(3) 위에 해당하는 서류를 해당 지적소관청이 관리하는 경우에는 지적소관청의 확인으로 그 서류의 제출을 갈음할 수 있다.

5. 지적공부에 등록

(1) 지적측량을 실시한다.

(2) 토지표시변경등기를 촉탁한다.

5 합 병

1. 의 의

지적공부에 등록된 2필지 이상을 1필지로 합하여 등록하는 것을 말한다.

2. 대상 토지

(1) 토지소유자가 필요로 하는 경우

(2) 「주택법」에 따른 공동주택의 부지

(3) 공장용지·공원·체육용지·수도용지·학교용지·도로·철도용지·제방·하천·구거·유지로서 합병하여야 할 토지

3. 합병제한

(1) 합병하려는 토지의 지번부여지역, 지목 또는 소유자가 서로 다른 경우

(2) 합병하려는 토지의 지적도 및 임야도의 축척이 서로 다른 경우

(3) 합병하려는 각 필지의 지반이 연속되지 아니한 경우

(4) 합병하려는 토지가 등기된 토지와 등기되지 아니한 토지인 경우

(5) 합병하려는 각 필지의 지목은 같으나 일부 토지의 용도가 다르게 되어 분할대상 토지인 경우. 다만, 합병신청과 동시에 토지의 용도에 따라 분할 신청을 하는 경우는 제외한다.

(6) 합병하려는 토지의 소유자별 공유지분이 다르거나 소유자의 주소가 서로 다른 경우

(7) 합병하려는 토지가 구획정리, 경지정리 또는 축척변경을 시행하고 있는 지역의 토지와 그 지역 밖의 토지인 경우

(8) 합병하려는 토지에 소유권·지상권·전세권 또는 임차권의 등기, 승역지에 대한 지역권의 등기, 합병하려는 토지 전부에 대한 등기원인 및 그 연월일과 접수번호가 같은 저당권의 등기, 합병하려는 토지 전부에 대한 「부동산등기법」 제81조 제1항 각 호의 등기사항이 동일한 신탁등기 이외의 등기가 있는 경우

4. 합병 신청

(1) 원칙 : 토지소유자의 자유

토지소유자는 토지를 합병하려면 지적소관청에 합병을 신청하여야 한다.

(2) 예외(신청의무)

토지소유자는 「주택법」에 따른 공동주택의 부지, 공장용지·공원·체육용지·수도용지·학교용지·도로·철도용지·제방·하천·구거·유지로서 합병하여야 할 토지가 있으면 그 사유가 발생한 날부터 60일 이내에 지적소관청에 합병을 신청하여야 한다.

5. 지적공부에 등록

(1) 지적측량을 하지 않는다.

(2) 토지표시변경등기를 촉탁한다.

6 지목변경

1. 의 의

지적공부에 등록된 지목을 다른 지목으로 바꾸어 등록하는 것을 말한다.

2. 대상토지

① 「국토의 계획 및 이용에 관한 법률」등 관계 법령에 따른 토지의 형질변경 등의 공사가 준공된 경우
② 토지나 건축물의 용도가 변경된 경우
③ 도시개발사업 등의 원활한 추진을 위하여 사업시행자가 공사 준공 전에 토지의 합병을 신청하는 경우

3. 지목변경 신청

토지소유자는 지목변경을 할 토지가 있으면 그 사유가 발생한 날부터 60일 이내에 지적소관청에 지목변경을 신청하여야 한다.

4. 첨부서면

(1) 토지소유자는 지목변경신청서에 국토교통부령으로 정하는 서류를 첨부하여 지적소관청에 제출하여야 한다.

① 관계법령에 따라 토지의 형질변경 등의 공사가 준공되었음을 증명하는 서류의 사본
② 국유지・공유지의 경우에는 용도폐지 되었거나 사실상 공공용으로 사용되고 있지 아니함을 증명하는 서류의 사본
③ 토지 또는 건축물의 용도가 변경되었음을 증명하는 서류의 사본

(2) 개발행위허가・농지전용허가・보전산지전용허가 등 지목변경과 관련된 규제를 받지 아니하는 토지의 지목변경이나 전・답・과수원 상호간의 지목변경인 경우에는 위의 서류의 첨부를 생략할 수 있다.

(3) 해당하는 서류를 해당 지적소관청이 관리하는 경우에는 지적소관청의 확인으로 그 서류의 제출을 갈음할 수 있다.

5. 지적공부의 등록

(1) 지적측량을 하지 않는다.

(2) 토지표시변경등기를 촉탁한다.

7 바다로 된 토지의 등록말소 및 회복

1. 의 의

지적공부에 등록된 토지가 지형의 변화 등으로 바다로 된 경우로서 원상으로 회복할 수 없거나 다른 지목의 토지로 될 가능성이 없는 때에 지적공부의 등록을 말소 하는 것을 말한다.

2. 대상 토지

지적공부에 등록된 토지가 지형의 변화 등으로 바다로 된 경우로서 원상으로 회복될 수 없거나 다른 지목의 토지로 될 가능성이 없는 경우

3. 바다로 된 토지의 등록말소 신청

(1) 지적소관청은 지적공부에 등록된 토지소유자에게 지적공부의 등록말소 신청을 하도록 통지하여야 한다.

(2) 토지소유자의 신청의무○ → 통지받은 날로부터 90일 이내

(3) 지적소관청은 토지소유자가 통지를 받은 날부터 90일 이내에 등록말소 신청을 하지 아니하면 지적소관청이 직권으로 그 지적공부의 등록사항을 말소하여야 한다.

4. 지적공부의 등록

(1) 지적측량 ○ / ×

(2) 등기를 촉탁한다.

5. 말소된 토지의 회복

(1) 지적소관청은 말소한 토지가 지형의 변화 등으로 다시 토지가 된 경우에는 토지로 회복등록을 할 수 있다.

(2) 지적소관청은 회복등록을 하려면 그 지적측량성과 및 등록말소 당시의 지적공부 등 관계 자료에 따라야 한다.

6. 등록사항의 말소 또는 회복등록에 대한 통지

지적공부의 등록사항을 말소하거나 회복등록 하였을 때에는 그 정리 결과를 토지소유자 및 해당 공유수면의 관리청에 통지하여야 한다.

제2절 토지이동 신청권자 및 특례

1 토지이동 신청권자 : 토지소유자

2 신청의 대위

1. 사업시행자의 대위신청

공공사업 등에 따라 수도용지·학교용지·도로·철도용지·제방·하천·구거·유지 등의 지목으로 되는 토지인 경우 : 해당 사업의 시행자

2. 채권자의 대위신청

「민법」 제404조에 따른 채권자

3. 공동주택의 관리인 또는 사업시행자의 대위신청

「주택법」에 따른 공동주택의 부지인 경우 : 「집합건물의 소유 및 관리에 관한 법률」에 따른 관리인(관리인이 없는 경우에는 공유자가 선임한 대표자) 또는 해당 사업의 시행자

4. 국가기관 또는 지방자치단체의 장의 대위신청

국가나 지방자치단체가 취득하는 토지인 경우 : 해당 토지를 관리하는 행정기관의 장 또는 지방자치단체의 장

※ 토지의 점유자(지상권자, 농경지의 대리경작자 등)는 대위신청 ✕

3 토지이동 신청특례

1. 대상 토지

도시개발사업, 「농어촌정비법」에 따른 농어촌정비사업, 「주택법」에 따른 주택건설사업, 「도시 및 주거환경정비법」에 따른 정비사업 등등

2. 사업의 신고 및 신청제한

(1) 「도시개발법」에 따른 도시개발사업 등의 시행자는 그 사업의 착수·변경 및 완료 사실을 지적소관청에 신고하여야 한다.

(2) 도시개발사업 등의 착수·변경 또는 완료 사실의 신고는 그 사유가 발생한 날부터 15일 이내에 하여야 한다.

(3) 토지의 이동 신청은 그 신청대상지역이 환지를 수반하는 경우에는 사업완료 신고로써 이를 갈음할 수 있다. 이 경우 사업완료 신고서에 토지의 이동 신청을 갈음한다는 뜻을 적어야 한다.

3. 신청자

(1) 사업과 관련하여 토지의 이동이 필요한 경우에는 해당 사업의 시행자가 지적소관청에 토지의 이동을 신청하여야 한다.

(2) 사업의 착수 또는 변경의 신고가 된 토지의 소유자가 해당 토지의 이동을 원하는 경우에는 해당 사업의 시행자에게 그 토지의 이동을 신청하도록 요청하여야 하며, 요청을 받은 시행자는 해당 사업에 지장이 없다고 판단되면 지적소관청에 그 이동을 신청하여야 한다.

(3) 「주택법」에 따른 주택건설사업의 시행자가 파산 등의 이유로 토지의 이동 신청을 할 수 없을 때에는 그 주택의 시공을 보증한 자 또는 입주예정자 등이 신청할 수 있다.

4. 토지이동시기

토지의 이동은 토지의 형질변경 등의 공사가 준공된 때에 이루어진 것으로 본다.

제3절 **축척변경**

1 서 설

1. 의 의

지적도에 등록된 경계점의 정밀도를 높이기 위하여 작은 축척을 큰 축척으로 변경하여 등록하는 것을 말한다.

2. 대 상

① 잦은 토지의 이동으로 1필지의 규모가 작아서 소축척으로는 지적측량성과의 결정이나 토지의 이동에 따른 정리를 하기가 곤란한 경우

② 하나의 지번부여지역에 서로 다른 축척의 지적도가 있는 경우

③ 그 밖에 지적공부를 관리하기 위하여 필요하다고 인정되는 경우

3. 토지소유자의 신청(토지소유자 3분의 2 이상의 동의서를 첨부) 또는 지적소관청의 직권으로 그 지역의 축척을 변경할 수 있다.

2 절 차

1. 토지소유자의 동의

(1) 지적소관청은 축척변경을 하려면 축척변경 시행지역의 토지소유자 3분의 2 이상의 동의를 받아 축척변경위원회의 의결을 거친 후 시·도지사 또는 대도시시장의 승인을 받아야 한다.

(2) 다만, 다음의 어느 하나에 해당하는 경우에는 축척변경위원회의 의결 및 시·도지사 또는 대도시시장의 승인 없이 축척변경을 할 수 있다.

① 합병하려는 토지가 축척이 다른 지적도에 각각 등록되어 있어 축척변경을 하는 경우

② 도시개발사업 등의 시행지역에 있는 토지로서 그 사업 시행에서 제외된 토지의 축척변경을 하는 경우

2. 축척변경승인신청

(1) 지적소관청은 축척변경을 할 때에는 축척변경 사유를 적은 승인신청서에 첨부서류를 첨부하여 시·도지사 또는 대도시 시장에게 제출하여야 한다.

(2) 신청을 받은 시·도지사 또는 대도시 시장은 축척변경 사유 등을 심사한 후 그 승인 여부를 지적소관청에 통지하여야 한다.

3. 축척변경시행공고

(1) 지적소관청은 시·도지사 또는 대도시 시장으로부터 축척변경 승인을 받았을 때에는 지체 없이 다음의 사항을 20일 이상 공고하여야 한다.

① 축척변경의 목적, 시행지역 및 시행기간
② 축척변경의 시행에 관한 세부계획
③ 축척변경의 시행에 따른 청산방법
④ 축척변경의 시행에 따른 토지소유자 등의 협조에 관한 사항

(2) 시행공고는 시·군·구(자치구가 아닌 구를 포함한다) 및 축척변경 시행지역 동·리의 게시판에 주민이 볼 수 있도록 게시하여야 한다.

4. 토지소유자 등의 경계점표시의무

축척변경 시행지역의 토지소유자 또는 점유자는 시행공고가 된 날(시행공고일)부터 30일 이내에 시행공고일 현재 점유하고 있는 경계에 경계점표지를 설치하여야 한다.

5. 지적공부정리 등의 금지

지적소관청은 축척변경 시행기간 중에는 축척변경 시행지역의 지적공부정리와 경계복원측량(경계점표지의 설치를 위한 경계복원측량은 제외한다)을 축척변경확정 공고일까지 정지하여야 한다. 다만, 축척변경위원회의 의결이 있는 경우에는 그러하지 아니하다.

6. 측량 및 토지의 표시사항의 결정

(1) 지적소관청은 축척변경 시행지역의 각 필지별 지번·지목·면적·경계 또는 좌표를 새로 정하여야 한다.

(2) 다만, 합병하려는 토지가 축척이 다른 지적도에 각각 등록되어 있어 축척변경을 하는 경우와 도시개발사업 등의 시행지역에 있는 토지로서 그 사업 시행에서 제외된 토지의 축척변경을 하는 경우에는 각 필지별 지번·지목 및 경계는 종전의 지적공부에 따르고 면적만 새로 정하여야 한다.

7. 지번별조서

지적소관청은 축척변경에 관한 측량을 완료하였을 때에는 시행공고일 현재의 지적공부상의 면적과 측량 후의 면적을 비교하여 그 변동사항을 표시한 축척변경 지번별 조서를 작성하여야 한다.

8. 청산절차

(1) 청산금의 산정

① 지적소관청은 축척변경에 관한 측량을 한 결과 측량 전에 비하여 면적의 증감이 있는 경우에는 그 증감면적에 대하여 청산을 하여야 한다. 다만, 다음의 어느 하나에 해당하는 경우에는 그러하지 아니하다.

  ㉠ 필지별 증감면적이 허용범위 이내인 경우. 다만, 축척변경위원회의 의결이 있는 경우는 제외한다.

  ㉡ 토지소유자 전원이 청산하지 아니하기로 합의하여 서면으로 제출한 경우

② 청산을 할 때에는 축척변경위원회의 의결을 거쳐 지번별로 제곱미터당 금액을 정하여야 한다. 이 경우 지적소관청은 시행공고일 현재를 기준으로 그 축척변경시행지역의 토지에 대하여 지번별 제곱미터당 금액을 미리 조사하여 축척변경위원회에 제출하여야 한다.

③ 청산금은 작성된 축척변경 지번별 조서의 필지별 증감면적에 지번별 제곱미터당 금액을 곱하여 산정한다.

(2) 청산금의 공고 및 열람

지적소관청은 청산금을 산정하였을 때에는 청산금 조서(축척변경 지번별 조서에 필지별 청산금 명세를 적은 것을 말한다)를 작성하고, 청산금이 결정되었다는 뜻을 15일 이상 공고하여 일반인이 열람할 수 있게 하여야 한다.

(3) 청산금의 차액

청산금을 산정한 결과 증가된 면적에 대한 청산금의 합계와 감소된 면적에 대한 청산금의 합계에 차액이 생긴 경우 초과액은 그 지방자치단체의 수입으로 하고, 부족액은 그 지방자치단체가 부담한다.

(4) 청산금의 납부고지 및 수령통지

① 지적소관청은 청산금의 결정을 공고한 날부터 20일 이내에 토지소유자에게 청산금의 납부고지 또는 수령통지를 하여야 한다.

② 납부고지를 받은 자는 그 고지를 받은 날부터 6개월 이내에 청산금을 지적소관청에 내야 한다.

③ 지적소관청은 수령통지를 한 날부터 6개월 이내에 청산금을 지급하여야 한다.

④ 지적소관청은 청산금을 지급받을 자가 행방불명 등으로 받을 수 없거나 받기를 거부할 때에는 그 청산금을 공탁할 수 있다.

⑤ 지적소관청은 청산금을 내야 하는 자가 기간 내에 청산금에 관한 이의신청을 하지 아니하고 기간 내에 청산금을 내지 아니하면 지방세 체납처분의 예에 따라 징수할 수 있다.

(5) 청산금에 대한 이의신청

① 납부고지되거나 수령통지된 청산금에 관하여 이의가 있는 자는 납부고지 또는 수령통지를 받은 날부터 1개월 이내에 지적소관청에 이의신청을 할 수 있다.

② 이의신청을 받은 지적소관청은 1개월 이내에 축척변경위원회의 심의·의결을 거쳐 그 인용여부를 결정한 후 지체 없이 그 내용을 이의신청인에게 통지하여야 한다.

9. 축척변경의 확정공고

청산금의 납부 및 지급이 완료되었을 때에는 지적소관청은 지체 없이 축척변경의 확정공고를 하여야 한다.

10. 지적공부의 정리

지적소관청은 확정공고를 하였을 때에는 지체 없이 축척변경에 따라 확정된 사항을 지적공부에 등록하여야 한다.

11. 등기촉탁

12. 토지이동시기

축척변경 시행지역의 토지는 확정공고일에 토지의 이동이 있는 것으로 본다.

3 **축척변경위원회**

1. 축척변경위원회의 구성

(1) 구 성

① 5명 이상 10명 이하의 위원으로 구성한다.

② 위원의 2분의 1 이상을 토지소유자로 하여야 한다.

③ 축척변경 시행지역의 토지소유자가 5명 이하일 때에는 토지소유자 전원을 위원으로 위촉하여야 한다.

(2) 위원장 : 위원장은 위원 중에서 지적소관청이 지명한다.

(3) 위 원

① 위원은 해당 축척변경 시행지역의 토지소유자로서 지역 사정에 정통한 사람이나, 지적에 관하여 전문지식을 가진 사람 중에서 지적소관청이 위촉한다.

② 축척변경위원회의 위원에게는 예산의 범위에서 출석수당과 여비, 그 밖의 실비를 지급할 수 있다.

2. 축척변경위원회의 기능(심의 · 의결)

① 축척변경 시행계획에 관한 사항

② 지번별 제곱미터당 금액의 결정과 청산금의 산정에 관한 사항

③ 청산금의 이의신청에 관한 사항

④ 그 밖에 축척변경과 관련하여 지적소관청이 회의에 부치는 사항

3. 축척변경위원회의 회의

① 축척변경위원회의 회의는 지적소관청이 축척변경위원회의 기능에 해당하는 사항을 축척변경위원회에 회부하거나 위원장이 필요하다고 인정할 때에 위원장이 소집한다.

② 축척변경위원회의 회의는 위원장을 포함한 재적위원 과반수의 출석으로 개의하고, 출석위원 과반수의 찬성으로 의결한다.

③ 위원장은 축척변경위원회의 회의를 소집할 때에는 회의일시·장소 및 심의안건을 회의 개최 5일 전까지 각 위원에게 서면으로 통지하여야 한다.

제4절 등록사항의 정정

1. 토지표시사항의 정정

(1) 소관청의 직권에 의한 정정

① 직권정정사유
  ㉠ 토지이동정리 결의서의 내용과 다르게 정리된 경우
  ㉡ 지적측량성과와 다르게 정리된 경우
  ㉢ 지적도 및 임야도에 등록된 필지가 면적의 증감 없이 경계의 위치만 잘못된 경우
  ㉣ 지적공부의 작성 또는 재작성 당시 잘못 정리된 경우
  ㉤ 지적공부의 등록사항이 잘못 입력된 경우
  ㉥ 면적 환산이 잘못된 경우
  ㉦ 지적측량적부심사 또는 재심사 의결서의 사본을 송부받은 지적소관청이 지적공부의 등록사항을 정정하여야 하는 경우
  ㉧ 토지합필등기신청의 각하에 따른 등기관의 통지가 있는 경우(지적소관청의 착오로 잘못 합병한 경우만 해당한다)
  ㉨ 등록전환시, 임야대장의 면적과 등록전환될 면적의 차이가 오차허용범위를 초과하는 경우에는 임야대장의 면적 또는 임야도의 경계의 정정
  ㉩ 1필지가 각각 다른 지적도나 임야도에 등록되어 있는 경우로서 지적공부에 등록된 면적과 측량한 실제면적은 일치하지만 지적도나 임야도에 등록된 경계가 서로 접합되지 않아 지적도나 임야도에 등록된 경계를 지상의 경계에 맞추어 정정하여야 하는 토지가 발견된 경우

② 직권정정절차

㉠ 지적소관청은 위의 어느 하나에 해당하는 토지가 있을 때에는 지체 없이 지적공부의 등록사항을 정정하여야 한다.

㉡ 지적공부의 등록사항 중 경계나 면적 등 측량을 수반하는 토지의 표시가 잘못된 경우에는 지적소관청은 그 정정이 완료될 때까지 지적측량을 정지시킬 수 있다. 다만, 잘못 표시된 사항의 정정을 위한 지적측량은 그러하지 아니하다.

③ 등록사항정정 대상토지의 관리 등

㉠ 지적소관청은 토지의 표시가 잘못되었음을 발견하였을 때에는 지체 없이 등록사항정정에 필요한 서류와 등록사항정정 측량성과도를 작성하고, 토지이동정리 결의서를 작성한 후 대장의 사유란에 "등록사항정정 대상토지"라고 적고, 토지소유자에게 등록사항정정 신청을 할 수 있도록 그 사유를 통지하여야 한다. 다만, 지적소관청이 직권으로 정정할 수 있는 경우에는 토지소유자에게 통지를 하지 아니할 수 있다.

㉡ 등록사항정정 대상토지에 대한 대장을 열람하게 하거나 등본을 발급하는 때에는 "등록사항정정 대상토지"라고 적은 부분을 흑백의 반전(反轉)으로 표시하거나 붉은색으로 적어야 한다.

(2) 토지소유자의 신청에 의한 정정

① 토지소유자는 지적공부의 등록사항에 잘못이 있음을 발견하면 지적소관청에 그 정정을 신청할 수 있다.

② 정정을 신청할 때에는 정정신청서에 다음에 따른 서류를 첨부하여 지적소관청에 제출하여야 한다.

㉠ 경계 또는 면적의 변경을 가져오는 경우 : 등록사항정정 측량성과도

㉡ 그 밖의 등록사항을 정정하는 경우 : 변경사항을 확인할 수 있는 서류

③ 토지의 경계정정

정정으로 인접 토지의 경계가 변경되는 경우에는 인접 토지소유자의 승낙서나 인접 토지소유자가 승낙하지 아니하는 경우에는 이에 대항할 수 있는 확정판결서 정본을 지적소관청에 제출하여야 한다.

2. 토지소유자에 관한 사항의 정정

(1) 기등기 토지의 소유자 정정

지적소관청이 등록사항을 정정할 때 그 정정사항이 토지소유자에 관한 사항인 경우에는 등기필증, 등기완료통지서, 등기사항증명서 또는 등기관서에서 제공한 등기전산정보자료에 따라 정정하여야 한다.

(2) 미등기 토지의 소유자 정정

미등기 토지에 대하여 토지소유자의 성명 또는 명칭, 주민등록번호, 주소 등에 관한 사항의 정정을 신청한 경우로서 그 등록사항이 명백히 잘못된 경우에는 가족관계 기록사항에 관한 증명서에 따라 정정하여야 한다.

제5절 지적공부의 정리

1 지적공부의 정리

지적소관청은 토지의 이동이 있는 경우에는 토지이동정리 결의서를 작성하여야 하고, 토지소유자의 변동 등에 따라 지적공부를 정리하려는 경우에는 소유자정리 결의서를 작성하여야 한다.

2 토지소유자 등의 변경에 다른 지적공부의 정리

1. 신규등록토지의 소유자 등록

신규등록하는 토지의 소유자는 지적소관청이 직접 조사하여 등록한다.

2. 기등록토지의 소유자변경

지적공부에 등록된 토지소유자의 변경사항은 등기관서에서 등기한 것을 증명하는 등기필증, 등기완료통지서, 등기사항증명서 또는 등기관서에서 제공한 등기전산정보자료에 따라 정리한다.

(1) 등기소의 소유권변경사실의 통지에 의한 정리

등기부에 적혀 있는 토지의 표시가 지적공부와 일치하지 아니하면 토지소유자를 정리할 수 없다. 이 경우 토지의 표시가 지적공부가 일치하지 아니하다는 사실을 관할 등기관서에 통지하여야 한다.

(2) 소관청의 직권에 의한 정리

① 지적소관청은 필요하다고 인정하는 경우에는 관할 등기관서의 등기부를 열람하여 지적공부와 부동산등기부가 일치하는지 여부를 조사·확인하여야 하며, 일치하지 아니하는 사항을 발견하면 등기사항증명서 또는 등기관서에서 제공한 등기전산정보자료에 따라 지적공부를 <u>직권으로</u> 정리하거나, 토지소유자나 그 밖의 이해관계인에게 그 지적공부와 부동산등기부가 일치하게 하는 데에 필요한 <u>신청 등을 하도록 요구할 수 있다.</u>

② 지적소관청 소속 공무원이 지적공부와 부동산등기부의 부합 여부를 확인하기 위하여 등기부를 열람하거나, 등기사항증명서의 발급을 신청하거나, 등기전산정보자료의 제공을 요청하는 경우 그 수수료는 무료로 한다.

(3) 토지소유자의 신청에 의한 정리 : 등기필증

3 토지표시변경등기의 촉탁

1. 의 의

① 지적소관청은 다음과 같은 사유로 토지의 표시 변경에 관한 등기를 할 필요가 있는 경우에는 지체 없이 관할 등기관서에 그 등기를 촉탁하여야 한다.

② 이 경우 등기촉탁은 국가가 국가를 위하여 하는 등기로 본다.

2. 촉탁사유

(1) 바다로 된 토지를 등록말소하거나 회복등록을 한 경우

(2) 지번변경한 경우

(3) 지번·지목·면적·경계 또는 좌표를 토지소유자의 신청을 받아 또는 신청이 없어 지적소관청이 직권으로 지적소관청이 결정한 경우

(4) 등록사항의 오류를 직권으로 정정한 경우

(5) 행정구역의 개편으로 새로이 지번을 부여한 경우

(6) 축척변경을 한 경우

※ 신규등록과 소유자를 정리하는 경우 : 등기촉탁을 하지 않는다.

4 지적정리의 통지

1. 원칙(토지소유자에게 통지)

지적소관청이 지적공부에 등록하거나 지적공부를 복구 또는 말소하거나 등기촉탁을 하였으면 해당 토지소유자에게 통지하여야 한다.

(1) 지적정리의 통지대상

① 바다로 된 토지의 소유자가 그 통지를 받은 날부터 90일 이내에 등록말소신청을 하지 아니하여 지적소관청이 직권으로 등록말소한 때

② 시·도지사 또는 대도시 시장의 승인을 받아 지번부여지역 전부 또는 일부에 대하여 지번을 새로 부여한 때

③ 지번·지목·면적·경계 또는 좌표를 토지소유자의 신청이 없어 지적소관청이 직권으로 조사·측량하여 결정한 경우

④ 지적소관청이 등록사항의 오류를 직권으로 조사·측량하여 정정한 때

⑤ 행정구역개편으로 지적소관청이 새로이 그 지번을 부여하는 경우

⑥ 도시개발사업 등으로 인하여 토지이동이 있는 때에 그 사업시행자가 지적소관청에 그 이동을 신청하여 지적정리를 한 때

⑦ 대위신청권자의 신청에 의하여 소관청이 지적정리를 한 때

⑧ 토지표시의 변경에 관하여 관할 등기소에 등기를 촉탁한 때

⑨ 지적공부를 복구한 때

※ 소유자의 신청에 의하여 지적공부를 정리하는 경우 : 통지하지 않는다.

(2) 통지의 시기

① 토지의 표시에 관한 변경등기가 필요한 경우 : 그 등기완료의 통지서를 접수한 날부터 15일 이내

② 토지의 표시에 관한 변경등기가 필요하지 아니한 경우 : 지적공부에 등록한 날부터 7일 이내

2. 예외 : 통지로 간주

통지받을 자의 주소나 거소를 알 수 없는 경우에는 일간신문, 해당 시·군·구의 공보 또는 인터넷홈페이지에 공고하여야 한다.

Chapter 05

지적측량

제1절 서 설

1 지적측량의 의의

지적측량이란 토지를 지적공부에 등록하거나 지적공부에 등록된 경계점을 지상에 복원하기 위하여 필지의 경계 또는 좌표와 면적을 정하는 측량을 말한다.

2 지적측량의 대상

(1) 지적기준점을 정하는 경우

(2) 지적측량성과를 검사하는 경우

(3) 다음의 어느 하나에 해당하는 경우로서 측량을 할 필요가 있는 경우

① 지적공부를 복구하는 경우

② 토지를 신규등록하는 경우

③ 토지를 등록전환하는 경우

④ 토지를 분할하는 경우

⑤ 바다가 된 토지의 등록을 말소하는 경우

⑥ 축척을 변경하는 경우

⑦ 지적공부의 등록사항을 정정하는 경우

⑧ 도시개발사업 등의 시행지역에서 토지의 이동이 있는 경우

⑨ 지적재조사에 관한 특별법에 따른 지적재조사사업에 따라 토지의 이동이 있는 경우

⑩ 경계점을 지상에 복원하는 경우

⑪ 지상건축물 등의 현황을 지적도와 임야도에 등록된 경계와 대비하여 표시하기 위하여 하는 경우(지적현황측량)

※ 지적측량을 하지 않는 경우 : 지목변경, 지번변경, 토지의 합병

3 지적측량의 구분

1. 지적측량은 지적기준점을 정하기 위한 기초측량과, 1필지의 경계와 면적을 정하는 세부측량으로 구분한다.

2. 지적측량은 평판측량, 전자평판측량, 경위의측량, 전파기 또는 광파기측량, 사진측량 및 위성측량 등의 방법에 따른다.

제**2**절 **지적측량절차**

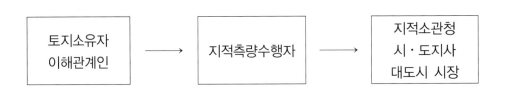

1. 지적측량의뢰

토지소유자 등 이해관계인은 지적측량을 할 필요가 있는 경우에는 지적측량수행자(지적측량업의 등록을 한 자와 한국국토정보공사)에게 지적측량을 의뢰하여야 한다.

2. 지적측량수수료

① 지적측량을 의뢰하는 자는 지적측량수행자에게 지적측량수수료를 내야 한다.

② 지적측량수수료는 국토교통부장관이 매년 12월 말일까지 고시하여야 한다.

③ 지적소관청이 직권으로 조사·측량하여 지적공부를 정리한 경우에는 그 조사·측량에 들어간 비용을 토지소유자로부터 징수한다. 다만, 바다로 된 토지의 등록말소에 따라 지적공부를 등록말소한 경우에는 그러하지 아니하다.

④ 수수료는 지적공부를 정리한 날부터 30일 내에 내야 한다.

3. 지적측량수행계획서

지적측량수행자는 지적측량 의뢰를 받은 때에는 측량기간, 측량일자 및 측량 수수료 등을 적은 지적측량수행계획서를 그 다음 날까지 지적소관청에 제출하여야 한다.

4. 지적측량기간 및 측량검사기간

(1) 의뢰(신청)에 의한 경우 : 측량기간은 5일, 측량검사기간은 4일

(2) 지적측량기준점 설치의 경우

설치할 지적기준점이 15점 이하인 경우에는 4일을, 15점을 초과하는 경우에는 4점마다 1일을 가산한다.

(3) 합의에 의한 경우

지적측량 의뢰인과 지적측량수행자가 서로 합의하여 따로 기간을 정하는 경우에는 그 기간에 따르되, 전체 기간의 4분의 3은 측량기간으로, 전체 기간의 4분의 1은 측량검사기간으로 본다.

5. 측량성과의 결정 및 검사

(1) 측량성과의 결정

지적측량수행자는 지적측량의뢰를 받으면 지적측량을 하여 그 측량성과를 결정하여야 한다.

(2) 측량성과의 검사

① 지적측량수행자가 지적측량을 하였으면 시·도지사, 대도시 시장 또는 지적소관청으로부터 측량성과에 대한 검사를 받아야 한다.

② 지적측량수행자는 측량부·측량결과도·면적측정부, 측량성과 파일 등 측량성과에 관한 자료(전자파일 형태로 저장한 매체 또는 인터넷 등 정보통신망을 이용하여 제출하는 자료를 포함한다)를 지적소관청에 제출하여 그 성과의 정확성에 관한 검사를 받아야 한다. 다만, 지적삼각점측량성과 및 경위의측량방법으로 실시한 지적확정측량성과인 경우에는 국토교통부장관이 정하여 고시하는 면적 규모
  ㉠ 이상의 지적확정측량성과는 시·도지사 또는 대도시 시장에게,
  ㉡ 미만의 지적확정측량성과는 지적소관청에게 검사를 받아야 한다.
    시·도지사 또는 대도시 시장은 검사를 하였을 때에는 그 결과를 지적소관청에 통지하여야 한다.

③ 지적공부를 정리하지 않는 경계복원측량과 지적현황측량은 검사를 받지 않는다.

(3) 지적소관청은 측량성과가 정확하다고 인정하면 지적측량성과도를 지적측량수행자에게 발급하여야 하며, 지적측량수행자는 측량의뢰인에게 그 측량성과도를 지체 없이 발급하여야 한다. 이 경우 검사를 받지 아니한 지적측량성과도는 측량의뢰인에게 발급할 수 없다.

제3절 지적측량기준점표지의 설치 및 관리 등

특별시장·광역시장·도지사 또는 특별자치도지사나 지적소관청이 지적측량을 정확하고 효율적으로 시행하기 위하여 지적기준점을 정한 때에는 지적측량기준점표지를 설치하고 관리하여야 한다.

1. 측량기준점표지의 보호

① 누구든지 측량기준점표지를 이전·파손하거나 그 효용을 해치는 행위를 하여서는 아니 된다.

② 측량기준점표지를 파손하거나 그 효용을 해칠 우려가 있는 행위를 하려는 자는 그 측량기준점표지를 설치한 자에게 이전을 신청하여야 한다.

③ 측량기준점표지의 이전에 드는 비용은 신청인이 부담한다. 다만, 사유지에 측량기준점표지가 설치된 경우로서 그 토지의 소유자가 그 토지의 이용 등을 위하여 측량기준점표지의 이전을 요구하는 경우에는 그러하지 아니하다.

2. 지적측량기준점성과의 관리, 고시, 열람 등

(1) 지적기준점성과의 관리 등

① 지적삼각점성과는 특별시장·광역시장·도지사 또는 특별자치도지사가 관리하고, 지적삼각보조점성과 및 지적도근점성과는 지적소관청이 관리할 것

② 지적소관청이 지적삼각점을 설치하거나 변경하였을 때에는 그 측량성과를 시·도지사에게 통보할 것

③ 지적소관청은 지형·지물 등의 변동으로 인하여 지적삼각점성과가 다르게 된 때에는 지체 없이 그 측량성과를 수정하고 그 내용을 시·도지사에게 통보할 것

(2) 지적기준점성과의 열람 및 등본발급

지적측량기준점성과 또는 그 측량부를 열람하거나 등본을 발급받으려는 자는 지적삼각점성과에 대해서는 특별시장·광역시장·도지사 또는 특별자치도지사 또는 지적소관청에 신청하고, 지적삼각보조점성과 및 지적도근점성과에 대해서는 지적소관청에 신청하여야 한다.

제4절 지적위원회 및 지적측량적부심사

1 지적위원회

1. 지적위원회의 종류 및 기능

(1) 중앙지적위원회

다음 각 호의 사항을 심의·의결하기 위하여 국토교통부에 중앙지적위원회를 둔다.

① 지적 관련 정책 개발 및 업무 개선 등에 관한 사항

② 지적측량기술의 연구·개발 및 보급에 관한 사항

③ 지적측량 적부심사(適否審査)에 대한 재심사(再審査)

④ 측량기술자 중 지적분야 측량기술자(지적기술자)의 양성에 관한 사항

⑤ 지적기술자의 업무정지 처분 및 징계요구에 관한 사항

(2) 지방지적위원회

지적측량에 대한 적부심사 청구사항을 심의·의결하기 위하여 특별시·광역시·특별자치시·도 또는 특별자치도(이하 "시·도"라 한다)에 지방지적위원회를 둔다.

2. 지적위원회의 구성

(1) 중앙지적위원회의 구성

① 중앙지적위원회는 위원장 1명과 부위원장 1명을 포함하여 5명 이상 10명 이하의 위원으로 구성한다.

② 위원장은 국토교통부의 지적업무 담당 국장이, 부위원장은 국토교통부의 지적 업무 담당 과장이 된다.

③ 위원은 지적에 관한 학식과 경험이 풍부한 사람 중에서 국토교통부장관이 임명하거나 위촉한다.

④ 위원장 및 부위원장을 제외한 위원의 임기는 2년으로 한다.

⑤ 중앙지적위원회의 간사는 국토교통부의 지적업무 담당 공무원 중에서 국토교통부장관이 임명하며, 회의 준비, 회의록 작성 및 회의 결과에 따른 업무 등 중앙지적위원회의 서무를 담당한다.

⑥ 중앙지적위원회의 위원에게는 예산의 범위에서 출석수당과 여비, 그 밖의 실비를 지급할 수 있다. 다만, 공무원인 위원이 그 소관 업무와 직접적으로 관련되어 출석하는 경우에는 그러하지 아니하다.

(2) 지방지적위원회의 구성

지방지적위원회의 구성 및 회의 등에 관하여는 중앙지적위원회의 구성에 준한다.

3. 중앙지적위원회의 회의

(1) 회의의 소집

① 중앙지적위원회 위원장은 회의를 소집하고 그 의장이 된다.

② 위원장이 부득이한 사유로 직무를 수행할 수 없을 때에는 부위원장이 그 직무를 대행하고, 위원장 및 부위원장이 모두 부득이한 사유로 직무를 수행할 수 없을 때에는 위원장이 미리 지명한 위원이 그 직무를 대행한다.

③ 위원장이 중앙지적위원회의 회의를 소집할 때에는 회의 일시·장소 및 심의 안건을 회의 5일 전까지 각 위원에게 서면으로 통지하여야 한다.

(2) 의 결

① 중앙지적위원회의 회의는 재적위원 과반수의 출석으로 개의(開議)하고, 출석위원 과반수의 찬성으로 의결한다.

② 위원이 재심사시 그 측량 사안에 관하여 관련이 있는 경우에는 그 안건의 심의 또는 의결에 참석할 수 없다.

③ 중앙지적위원회는 관계인을 출석하게 하여 의견을 들을 수 있으며, 필요하면 현지조사를 할 수 있다.

4. 위원의 제척·기피·회피

① 중앙지적위원회의 위원이 다음 각 호의 어느 하나에 해당하는 경우에는 중앙지적위원회의 심의·의결에서 제척(除斥)된다.

> 1호. 위원 또는 그 배우자나 배우자이었던 사람이 해당 안건의 당사자가 되거나 그 안건의 당사자와 공동권리자 또는 공동의무자인 경우
> 2호. 위원이 해당 안건의 당사자와 친족이거나 친족이었던 경우
> 3호. 위원이 해당 안건에 대하여 증언, 진술 또는 감정을 한 경우
> 4호. 위원이나 위원이 속한 법인·단체 등이 해당 안건의 당사자의 대리인이거나 대리인이었던 경우
> 5호. 위원이 해당 안건의 원인이 된 처분 또는 부작위에 관여한 경우

② 해당 안건의 당사자는 위원에게 공정한 심의·의결을 기대하기 어려운 사정이 있는 경우에는 중앙지적위원회에 기피 신청을 할 수 있고, 중앙지적위원회는 의결로 이를 결정한다. 이 경우 기피 신청의 대상인 위원은 그 의결에 참여하지 못한다.

③ 위원이 제척 사유에 해당하는 경우에는 스스로 해당 안건의 심의·의결에서 회피(回避)하여야 한다.

2 지적측량적부심사

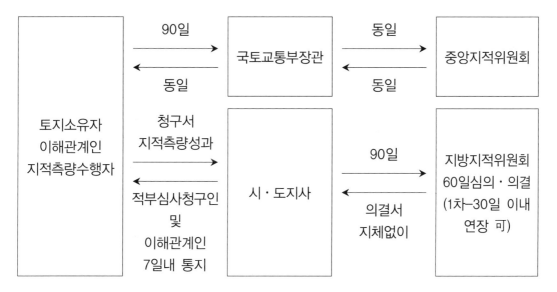

1. 의 의

토지소유자, 이해관계인 또는 지적측량수행자는 지적측량성과에 대하여 다툼이 있는 경우에는 관할 시·도지사를 거쳐 지방지적위원회에 지적측량적부심사를 청구할 수 있다.

2. 적부심사절차

(1) 적부심사청구서의 제출

지적측량적부심사를 청구하려는 토지소유자, 이해관계인 또는 지적측량수행자는 지적측량을 신청하여 측량을 실시한 후 심사청구서에 지적측량성과를 첨부하여 특별시장·광역시장·도지사 또는 특별자치도지사를 거쳐 지방지적위원회에 제출하여야 한다.

(2) 지방지적위원회에 회부

지적측량 적부심사청구를 받은 시·도지사는 30일 이내에 다음의 사항을 조사하여 지방지적위원회에 회부하여야 한다.

  ㉠ 다툼이 되는 지적측량의 경위 및 그 성과

  ㉡ 해당 토지에 대한 토지이동 및 소유권 변동 연혁

  ㉢ 해당 토지 주변의 측량기준점, 경계, 주요 구조물 등 현황 실측도

(3) 심의 및 의결

지적측량 적부심사청구를 회부받은 지방지적위원회는 그 심사청구를 회부받은 날부터 60일 이내에 심의·의결하여야 한다. 다만, 부득이한 경우에는 그 심의기간을 해당 지적위원회의 의결을 거쳐 30일 이내에서 한 번만 연장할 수 있다.

(4) 의결서 송부

지방지적위원회는 지적측량 적부심사를 의결하였으면 위원장과 참석위원 전원이 서명 및 날인한 지적측량적부심사의결서를 지체 없이 시·도지사에게 송부하여야 한다.

(5) 적부심사청구인 및 이해관계인에게 통지

  ① 시·도지사는 의결서를 받은 날부터 7일 이내에 지적측량 적부심사청구인 및 이해관계인에게 그 의결서를 통지하여야 한다.

  ② 시·도지사가 지적측량 적부심사 의결서를 지적측량 적부심사청구인 및 이해관계인에게 통지할 때에는 재심사를 청구할 수 있음을 서면으로 알려야 한다.

3. 재심사절차

(1) 재심사청구

의결서를 받은 자가 지방지적위원회의 의결에 불복하는 경우에는 그 의결서를 받은 날부터 90일 이내에 국토교통부장관을 거쳐 중앙지적위원회에 재심사를 청구할 수 있다.

(2) 중앙지적위원회에 회부

  ① 지적측량적부심사청구를 받은 국토교통부장관은 30일 이내에 다음의 사항을 조사하여 중앙지적위원회에 회부하여야 한다.

    ㉠ 다툼이 되는 지적측량의 경위 및 그 성과

    ㉡ 해당 토지에 대한 토지이동 및 소유권 변동 연혁

    ㉢ 해당 토지 주변의 측량기준점, 경계, 주요 구조물 등 현황 실측도

② 국토교통부장관은 조사측량성과를 작성하기 위하여 필요한 경우에는 관계 공무원을 지정하여 지적측량을 하게 할 수 있으며, 필요하면 지적측량수행자에게 그 소속 지적기술자를 참여시키도록 요청할 수 있다.

(3) 심의 및 의결

지적측량 적부심사청구를 회부받은 중앙지적위원회는 그 심사청구를 회부받은 날부터 60일 이내에 심의·의결하여야 한다. 다만, 부득이한 경우에는 그 심의기간을 해당 지적위원회의 의결을 거쳐 30일 이내에서 한 번만 연장할 수 있다.

(4) 의결서 송부

중앙지적위원회가 재심사를 의결하였을 때에는 위원장과 참석위원 전원이 서명 및 날인한 의결서를 지체 없이 국토교통부장관에게 송부하여야 한다.

(5) 적부재심사청구인 및 이해관계인에게 통지

① 국토교통부장관은 의결서를 받은 날부터 7일 이내에 지적측량 적부재심사청구인 및 이해관계인에게 그 의결서를 통지하여야 한다.
② 중앙지적위원회로부터 의결서를 받은 국토교통부장관은 그 의결서를 관할 시·도지사에게 송부하여야 한다.

(6) 의결서 사본의 소관청 송부

시·도지사는 지방지적위원회의 의결서를 받은 후 해당 지적측량 적부심사 청구인 및 이해관계인이 재심사를 청구하지 아니하면 그 의결서 사본을 지적소관청에 보내야 하며, 중앙지적위원회의 의결서를 받은 경우에는 그 의결서 사본에 지방지적위원회의 의결서 사본을 첨부하여 지적소관청에 보내야 한다.

제1장 총 칙
제2장 등기의 기관과 설비
제3장 등기절차 총론
제4장 각종 권리의 등기절차
제5장 각종 등기의 특별절차

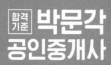

부동산등기법

Chapter 01

총 칙

제1절 서 설

1 의 의

등기라 함은 등기관이 전산정보처리조직에 의하여 입력·처리된 등기정보자료를 편성한 등기부에 부동산의 표시와 권리관계를 기록하는 것을 말한다.

2 부동산등기의 종류

1. 기능(대상)에 의한 분류

① 부동산표시에 관한 등기(표제부의 등기) : 부동산의 표시사항을 기록
  ※ 표제부만 있는 경우
  ㉠ 1동의 건물의 표제부
  ㉡ 구분건물의 일부에 대한 소유권보존등기를 한 경우 나머지 구분건물
  ㉢ 규약상공용부분의 등기
② 권리에 관한 등기(갑구·을구의 등기) : 부동산의 권리관계를 기록

2. 효력에 의한 분류

① 종국등기(본등기) : 물권변동의 효력을 가지는 등기(임차권등기는 대항력)
② 예비등기인 가등기 : 본등기의 순위를 보전할 목적으로 하는 등기

3. 내용에 의한 분류

① 기입등기 : 새로운 등기원인에 의해서 새로운 사항을 등기부에 기록하는 등기
② 변경등기 : 등기사항의 일부가 후발적으로 변경된 경우에 하는 등기
③ 경정등기 : 등기사항의 일부에 원시적인 착오나 유루가 있는 경우에 하는 등기

④ **말소등기** : 기존의 등기사항의 전부가 원시적 또는 후발적인 이유로 인하여 부적법하게 된 경우에 기존등기의 전부를 소멸시키는 등기

⑤ **말소회복등기** : 기존등기사항의 전부 또는 일부가 부적법하게 말소된 경우에 이를 회복하기 위한 등기

⑥ **멸실등기** : 부동산이 전부 물리적 멸실된 경우에 표제부에 하는 사실의 등기

4. 형식(방식)에 의한 분류

① **주등기(독립등기)** : 독립하여 순위번호를 붙여서 하는 등기(1, 2, 3)

② **부기등기** : 주등기의 순위를 보유할 필요가 있는 경우(1-1, 2-1, 3-3)
   ㉠ 소유권 외의 권리의 이전등기
   ㉡ 권리의 변경이나 경정등기(등기상 이해관계 있는 제3자의 승낙이 있는 경우)
   ㉢ 권리질권등기
   ㉣ 지상권·전세권을 목적으로 하는 저당권 설정등기(소유권 외의 권리를 목적으로 하는 권리에 관한 등기)
   ㉤ 환매특약등기, 권리소멸약정등기, 공유물분할금지의 약정등기
   ㉥ 등기명의인표시의 변경이나 경정의 등기
   ㉦ 일부말소회복등기
   ㉧ 가등기의 가등기, 가등기의 이전등기
      일부말소의미의 경정등기(항상) ↔ 부동산표시변경등기
   ※ 부기등기의 부기등기도 가능하다.

제2절 등기할 사항

1 등기사항

실체법상 등기사항 : 등기해야 물권변동의 효력이 발생하는 사항

절차법상 등기사항 : 등기할 수 있는 사항

※ 실체법상의 등기사항은 모두 절차법상의 등기사항이 된다.

2 등기할 사항인 물건 : 토지와 건물에 한한다.

※ 부동산의 일부 : 소유권보존등기×, 소유권이전×, 저당권 설정×, 용익권 설정 ○

공유지분 : 소유권보존등기×, 소유권이전 ○, 저당권 설정 ○, 용익권 설정×

등기할 사항인 물건	등기할 사항이 아닌 물건
① 하천법의 적용을 받는 하천 또는 하천법의 적용을 받지 않는 하천, 개방형 축사	① 터널·교량·토굴
② 도로법상의 도로	② 가설건축물·견본주택·비닐하우스·주유소캐노피, 급유탱크
③ 방조제	③ 방조제의 부대시설물(배수갑문·양수기)
④ 농업용 고정식 온실	④ 농지개량시설의 공작물(방수문·잠관)
⑤ 유류저장탱크·싸이로·비각	⑤ 공해상의 수중암초 및 구조물
⑥ 조적조 및 컨테이너 구조 슬레이트지붕 건물	⑥ 구조와 지붕이 컨테이너인 건물
⑦ 경량철골조 경량패널지붕 건축물	⑦ 경량철골조 혹은 조립식 패널구조의 건축물
⑧ 주유소의 주유시설물 (공장저당권의 목적)	⑧ 유희시설
⑨ 구분건물의 전유부분 및 부속건물	⑨ 공유수면 및 공유수면하의 토지
⑩ 구분건물의 규약상 공용부분	⑩ 공작물시설로 등재된 해상관광용 호텔 선박
⑪ 집합건물의 공용부분 중 구분건물 또는 독립건물로서의 구조를 가지는 경우(지하실, 관리사무소, 노인정 등)	⑪ 관광용 수상호텔의 선박
	⑫ 폐유조선 및 플로팅 도크
	⑬ 지붕이 없는 공작물, 옥외풀장, 양어장, 치어장으로 등재되어 있는 공작물

※ 하천법상의 하천 : 등기할 수 있는 물건이지만, 용익권(지상권, 지역권, 전세권, 임차권)등기는 할 수 없다.

3 등기할 사항인 권리

소유권·지상권·지역권·전세권·저당권·권리질권·채권담보권·임차권의 보존, 이전, 설정, 변경, 처분의 제한 또는 소멸에 대하여 한다.

※ 점유권, 유치권, 동산질권, 부동산물권변동을 목적으로 하는 물권적 청구권 ×

> ① 주위토지통행권은 등기할 사항이 아니므로 이를 등기할 수 없다.
> ② 분묘기지권은 등기라는 공시가 필요하지 않다.
> ③ 특수지역권은 어느 지역의 주민이란 지위를 떠나 독자적으로 처분할 수 없는 성격의 권리이므로 역시 등기능력을 부여할 필요가 없다.
> ④ 구분임차권설정등기는 인정되지 않는다.

4 등기할 사항인 약정

등기할 수 있는 특약	등기할 수 없는 특약
① 권리의 소멸에 관한 약정에 관한 등기 (법55조)	① 저당권설정등기를 함에 있어서 변제기에 채무를 변제하지 아니하면 저당목적물로 변제에 충당한다는 대물변제특약
② 공유물분할금지의 특약(민법 268조)	② 포괄유증을 원인으로 한 소유권이전등기에 있어서 제사부담의 조건
③ 지상권설정계약을 체결하면서 장래에 있어서 지료를 증액하지 않겠다는 특약(법69조)	③ 아파트분양약관상의 일정기간 전매금지특약
④ 전세권양도금지특약(민법 306조)	

제3절 등기의 효력

1 종국등기(본등기)

1. 권리변동적 효력(물권변동적 효력)

2. 대항력 : 부동산 임차권, 환매권, 신탁등기, 각 등기에 있어서의 임의적 신청정보

3. 추정적 효력

(1) 의 의

어떤 등기가 존재하면 그 등기에 대응하는 실체법상의 권리관계가 존재하는 것으로 추정된다.

(2) 내 용

① 현재의 등기명의인 → 진정한 권리자로

② 등기의 원인의 적법

③ 등기절차와 절차의 전제요건의 구비 추정
토지거래허가가 있는 것으로, 담보물권의 등기는 피담보채권의 존재까지
대리인으로부터 매수했다고 주장시 그 대리권의 존재

(3) 효 과

① **증명책임** : 등기의 내용과 양립할 수 없는 사실을 주장하는 자가 증명

② 등기기록을 신뢰하고 거래한 자는 <u>무과실로 추정되고</u>, 등기부 기록사항을 알지 못한 자는 등기부를 조사하지 않은 점에 <u>과실</u>을 인정하여 등기기록의 기록 내용을 아는 것으로 즉 <u>악의로 추정된다.</u>

(4) 추정력이 인정되지 않는 경우

> ㉠ 표제부의 등기
> ㉡ 가등기
> 　가등기가 있다하여 반드시 소유권이전등기를 할 어떤 계약관계가 있었던 것이라고 단정할 수 없어 어떤 법률관계가 추정되는 것은 아니다.(대판1979.5.22)
> ㉢ 사자명의의 등기(＝전 소유자 사망 이후에 그 명의로 신청되어 마쳐진 등기)
> ㉣ 허무인명의 등기
> ㉤ 등기의 기재 자체에 의하여 부실한 등기임이 명백한 경우
> ㉥ 동일인명의의 2중 소유권보존등기의 경우, 후등기
> ㉦ 불법말소등기

(5) 추정력의 정도

> 〈소유권보존등기〉
> 소유권이 진실하게 보존되었다는 점에 대하여만 추정력이 있다.
> → 명의인이 원시취득자가 아니라는 점이 증명되면 추정력이 깨진다.
> 　보존등기 명의자가 보존등기하기 이전의 소유자로부터 소유권을 양도받은 것이라 주장하고, 전소유자는 보존등기 명의자에 대한 양도사실을 부인하는 경우에는 그 추정력은 깨진다.(대판 1974.2.26)

> 〈소유권이전등기〉
> → 추정력은 제3자 뿐만 아니라 물권변동의 당사자간에도 미친다.
> 　소유권이전등기에서 전등기명의인과 현등기명의인 사이의 소유권분쟁의 경우, 현재 등기명의인의 권리가 추정된다.

> 〈특별조치법에 의한 등기〉
> 통상의 경우와 달리 이 때에는 소유권보존등기와 이전등기의 추정력의 차이가 없다. → 따라서 추정력을 깨트리려면 등기절차상 소요되는 보증서 및 확인서가 허위 또는 위조되었다거나 그 밖의 사유로 적법하게 등기된 것이 아니라는 사실을 입증하여야 한다.

(6) 점유의 추정력과의 관계

민법 제200조의 동산의 점유 추정규정은 부동산 물권에는 적용되지 아니한다.

4. 점유적 효력

5. 순위확정적 효력

(1) 일반 원칙

부동산에 관하여 등기한 권리의 순위는 법률에 다른 규정이 없으면 등기한 순서에 따른다.

(2) 개별 등기의 순위

① 등기의 순서는 등기기록 중 같은 구에서 한 등기 상호간에는 순위번호에 따르고, 다른 구에서 한 등기 상호간에는 접수번호에 따른다.

② 부기등기의 순위는 주등기의 순위에 따른다. 다만, 같은 주등기에 관한 부기등기 상호간의 순위는 그 등기 순서에 따른다.

③ 가등기에 의한 본등기를 한 경우 본등기의 순위는 가등기의 순위에 따른다.

④ 말소회복등기가 경료되면 회복된 등기는 말소전(종전)의 등기와 동일한 순위와 효력을 보유한다.

⑤ 집합건물에 있어서 대지권에 대한 등기로서의 효력이 있는 등기와 대지권의 목적인 토지의 등기기록 중 해당 구에 한 등기의 순서는 접수번호에 따른다.

6. 후등기 저지력(형식적 확정력)

실체법상 무효인 등기가 존재하더라도 그 등기를 말소하기 전까지는 이와 양립할 수 없는 등기의 기록을 막는 효력을 말한다.

7. 공신력 부인

2 가등기

1. 청구권 보전가등기의 효력

(1) 본등기 전의 효력

가등기 자체로는 권리변동의 실체법상의 효력은 없다.

그러나, 가등기된 권리도 권리로서의 성격은 인정되므로 상속이나 가등기권리의 이전 등 처분이 가능하다. 가등기에 대한 처분금지가처분이나 가압류 등도 허용된다.

(2) 본등기 후의 효력 → 본등기의 순위보전의 효력

가등기에 기한 본등기를 한 경우에 순위만 가등기시로 소급하는 것이지, 물권변동의 효력은 소급하지 않고 본등기를 한 때 발생한다.

2. 담보가등기의 효력 : 경매신청권과 경매에 참가하여 우선변제권

제4절 등기의 유효요건

1 형식적 유효요건

1. 관할등기소에서

2. 등기할 수 있는 사항일 것

3. 등기부에 기록될 것

등기는 부동산물권변동의 효력발생요건이고 효력존속요건은 아니므로
→ 등기부 멸실되거나 등기가 불법 말소되거나 이기하는 과정에서 유탈된 경우에도 등기가 표상하던 권리는 소멸 ×

4. 중복등기(이중등기)의 문제

(1) 표제부의 중복등기 : 부동산의 실제상황과 일치하는 보존등기만 유효

(2) 갑구의 중복등기

① 소유권보존등기 명의인이 동일인일 때

1부동산 1등기기록의 원칙상, 먼저 행하여진 것이 유효하고 뒤에 행하여진 등기는 무효

② 소유권보존등기 명의인이 동일인이 아닐 때

먼저 한 보존등기가 원인무효가 되지 않는 한 먼저 한 보존등기가 유효하며, 뒤에 한 보존등기는 1부동산 1등기기록의 원칙상 무효

2 실체적 유효요건

1. 중간생략등기

① 당사자 전원간에 중간생략등기에 관한 합의가 있어야 가능

② 중간생략등기에 관한 합의가 있었던 것처럼 관계서류를 위조하여 중간생략등기가 경료된 경우에는 그것이 실체관계에 부합하는 한 그 등기는 유효

③ 토지허가구역 내의 토지에 관하여 최초매도인과 최종매수인을 당사자로 하는 토지거래허가를 받아 최초매도인으로부터 최종매수인 앞으로 경료된 소유권이전등기는 무효

2. 모두생략등기

원칙적으로 허용되지 아니하나, 이미 경료된 모두생략등기가 실체관계와 부합하는 한 그 등기는 유효하다.

3. 실체관계와 다른 원인에 의한 등기 : 실체관계와 부합하는 한 등기는 유효

4. 무효등기의 유용

① 등기의 유용합의 이전에 등기부상 새로이 이해관계를 갖게 된 제3자가 없는 때에 한하여, 무효인 저당권설정등기를 새로운 채권을 담보하는 저당권설정등기로 유용할 수 있다.

② 소유권보존등기(표제부등기)의 유용은 절대로 허용 ×

Chapter 02

등기의 기관과 설비

제1절 등기소

1 의 의

구체적인 등기사무를 처리하는 지방법원, 지원, 등기소라는 명칭을 가진 관서 cf. 대법원 ×

2 관 할

1. 원 칙

부동산의 소재지를 관할하는 지방법원, 그 지원(支院) 또는 등기소에서 담당한다.

2. 예 외

(1) 관할등기소의 지정

부동산이 여러 등기소의 관할구역에 걸쳐 있을 때에는 그 부동산에 대한 최초의 등기신청을 하고자 하는 자의 신청에 의해 각 등기소를 관할하는 상급법원의 장이 관할 등기소를 지정한다.

(2) 등기사무의 위임

교통사정, 등기업무량 등을 고려하여 대법원장은 어느 등기소의 관할에 속하는 사무를 다른 등기소에 위임하게 할 수 있다.

(3) 관할의 변경 : 법률, 대법원규칙의 변경으로 등기소의 관할구역이 변경되는 것

※ 관할변경으로 인하여 1개의 건물이 2개 이상의 등기소의 관할구역에 속하게 된 경우
→ 관할의 지정을 받을 필요 없이 종전의 관할등기소가 계속 관할한다.

(4) 등기사무의 정지

대법원장은 등기소에서 등기사무를 정지하여야 하는 사유(화재·수해등의 천재지변)가 발생하면 기간을 정하여 등기사무의 정지를 명령할 수 있다.

등기사무 정지기간 중의 등기신청은 법29조 제2호의 각하사유에 해당하며, 이를 간과하고 경료된 등기는 당연무효로서 이의신청 및 직권말소의 대상이 된다.

제2절 등기관

1 의 의

1. 등기소에 근무하는 법원서기관·등기사무관·등기주사 또는 등기주사보 중에서 지방법원장(또는 지원장)이 지정하는 자.

2. 등기소장이나 등기과장; 보직발령만으로 등기관이 되며 별도의 지정을 요하지 않는다.

3. 등기관의 권한과 책임

- 등기신청사건 : 독자적으로 등기사무를 처리하는 독립관청
- 직무의 집행 : · 일반적인 행정적 지시나 지위감독에 따라야 한다.

2 등기관의 업무처리의 제한

1. 사 유

등기관은 자기, 배우자 또는 4촌 이내의 친족이 등기신청인인 때에는 그 등기소에서 소유권등기를 한 성년자로서 등기관의 배우자등이 아닌 자 2명 이상의 참여가 없으면 등기를 할 수 없다. 배우자등의 관계가 끝난 후에도 같다.

등기관은 이 경우에 조서를 작성하여 참여인과 같이 기명날인 또는 서명을 하여야 한다.

2. 등기관의 책임

등기관의 고의나 과실로 법령을 위반하여 부당한 처분으로 사인이 손해를 입은 경우에는 국가배상법에 의하여 국가가 배상책임을 진다. 이때 등기관에게 고의나 중과실이 있는 경우에는 국가가 구상권을 가진다.

제3절 등기부

1. 의 의

등기부란 전산정보처리조직에 의하여 입력·처리된 등기정보자료를 대법원규칙으로 정하는 바에 따라 편성한 것을 말한다.

2. 등기부의 종류

등기부는 토지등기부와 건물등기부로 구분한다.

   ⊘ 광의의 등기부 : 공동담보목록, 신탁원부, 매매목록, 도면편철장

3. 편성, 구성과 내용

(1) 물적 편성주의

(2) 1부동산 1등기기록원칙

1필의 토지 또는 1개의 건물에 대하여 1개의 등기기록을 둔다.

(3) 1부동산 1등기기록원칙의 예외

1동의 건물을 구분한 건물에 있어서는 1동의 건물에 속하는 전부에 대하여 1개의 등기기록을 사용한다.

(4) 1등기기록의 구성

① 일반적 등기기록
   ㉠ 표제부
      부동산의 표시와 그 변경에 관한 사항을 기록한다.
      접수연월일만 기재하고, "접수번호"와 등기의 목적을 기록하지 않는다.
   ㉡ 갑구 : 소유권에 관한 사항이나, 소유권에 대한 처분제한에 관한 사항
   ㉢ 을구 : 소유권이외의 권리에 관한 사항
② 구분건물 등기기록
   ㉠ 1동 건물의 표제부 : 1동 건물의 표시와 대지권의 목적인 토지의 표시로 구성
   ㉡ 전유부분 건물의 표제부 : 전유부분 건물의 표시와 대지권의 표시로 구성
   ㉢ 갑구
   ㉣ 을구

제4절 구분건물에 관한 등기

1. 대지사용권

(1) 전유부분을 소유하기 위하여 건물의 대지에 대하여 가지는 권리

① 보통 대지에 대한 소유권, 지상권, 전세권, 임차권

② 대지사용권은 반드시 등기된 권리이어야 할 필요는 없다.

2. 대지권의 등기

대지권이란, 대지사용권으로서 전유부분과 분리하여 처분할 수 없는 것을 말한다. 대지사용권은 분리처분가능규약 등이 있는 예외적인 경우가 아닌 한 대지권이 된다.

3. 대지권이라는 뜻의 등기

(1) 등기관이 대지권등기를 하였을 때에는 직권으로 대지권의 목적인 토지의 등기기록에 소유권, 지상권, 전세권 또는 임차권이 대지권이라는 뜻을 기록하여야 한다.

대지권의 등기	건물등기부	1동의 건물의 표제부, 전유부분의 표제부	신청	주등기
대지권이라는 뜻의 등기	토지등기부	갑구 또는 을구	직권	주등기
별도등기 있다는 뜻의 등기	건물등기부	전유부분의 표제부	직권	주등기

4. 전유부분과 대지사용권의 일체성(대지권의 등기 및 대지권이라는 뜻의 등기를 한 후)

(1) 대지권을 등기한 후에 한 건물의 권리에 관한 등기는 대지권에 대하여 동일한 등기로서 효력이 있다. 다만, 그 등기에 건물만에 관한 것이라는 뜻의 부기가 되어 있을 때에는 그러하지 아니하다.

(2) 전유부분을 처분하면, 구분소유자의 대지사용권도 함께 처분된다.

5. 분리처분등기의 금지

① 법률행위에 의한 처분(매매, 증여, 저당권설정)을 의미하고, 법률행위에 의하지 않은 물권변동(상속, 수용, 시효취득)은 포함되지 않는다.

② 대지권이라는 뜻의 등기가 되기 전에 토지만에 대하여 설정된 저당권 실행에 의한 소유권이전등기나, 가등기에 기한 본등기는 가능하다.

대지권		불허용	가 능
소유권	건물만	소유권이전등기, 가등기, 가압류, 압류등기, 저당권설정등기	용익물권, 임차권등기, 처분금지가처분등기
	토지	소유권이전등기 및 소유권을 전제로 한 가등기, 가압류, 압류등기, 체납압류, 저당권설정등기	
지상권 전세권 임차권	건물만	위와 동일	위와 동일
	토지	지상권, 전세권, 임차권이전등기 지상권·전세권을 목적으로 하는 저당권설정등기	소유권이전등기, 저당권설정등기

6. 규약상 공용부분에 관한 등기

(1) 공용부분이라는 뜻의 등기

공용부분(共用部分)이라는 뜻의 등기는 소유권의 등기명의인이 신청하여야 한다. 이 경우 공용부분인 건물에 소유권 외의 권리에 관한 등기가 있을 때에는 그 권리의 등기명의인의 승낙이 있어야 한다.

① 첨부정보 : 그 뜻을 정한 규약이나 공정증서를 첨부정보로서 등기소에 제공하여야 한다. 이 경우 그 건물에 소유권의 등기 외의 권리에 관한 등기가 있을 때에는 그 등기명의인의 승낙이 있음을 증명하는 정보 또는 이에 대항할 수 있는 재판이 있음을 증명하는 정보를 첨부정보로서 등기소에 제공하여야 한다.

② 등기의 실행

등기관이 그 등기를 할 때에는 그 등기기록 중 표제부에 공용부분이라는 뜻을 기록하고 각 구의 소유권과 그 밖의 권리에 관한 등기를 (직권으로) 말소하는 표시를 하여야 한다.

(2) 규약폐지에 따른 등기

① 공용부분이라는 뜻을 정한 규약을 폐지한 경우에 공용부분의 취득자는 지체 없이 소유권보존등기를 신청하여야 한다.

② 등기관이 소유권보존등기를 하였을 때에는 공용부분이라는 뜻의 등기를 (직권으로) 말소하는 표시를 하여야 한다.

제5절 장부의 보존 및 관리

1 장부의 관리

1. 장부의 이동금지

(1) 등기부는 전쟁·천재지변이나 그 밖에 이에 준하는 사태를 피하기 위한 경우 외에는 그 장소 밖으로 옮기지 못한다.

(2) 등기부의 부속서류는 전쟁·천재지변이나 그 밖에 이에 준하는 사태를 피하기 위한 경우 외에는 등기소 밖으로 옮기지 못한다.

(3) 다만, 신청서나 그 밖의 부속서류에 대하여는 법원의 명령 또는 촉탁이 있거나 법관이 발부한 영장에 의하여 압수하는 경우에는 그러하지 아니하다.

2 등기사항의 열람과 증명(공개)

누구든지 수수료를 내고 등기기록에 기록되어 있는 사항의 전부 또는 일부의 열람과 이를 증명하는 등기사항증명서의 발급을 청구할 수 있다. 다만, 등기기록의 부속서류에 대하여 는 이해관계 있는 부분만 열람을 청구할 수 있다(법 제19조 ①항).

	등기사항증명서	열 람
등기기록에 기록되어 있는 사항	누구든지	누구든지
등기기록의 부속서류 (신청정보 기타 부속서류)	×	이해관계 있는 부분

등기사항전부증명서	등기사항일부증명서
① 등기사항전부증명서(말소사항 포함) ② 등기사항전부증명서(현재 유효사항)	③ 등기사항일부증명서(현재 소유현황) ④ 등기사항일부증명서(특정인 지분) ⑤ 등기사항일부증명서(지분취득 이력)

① 공동담보(전세)목록, 신탁원부, 도면 또는 매매목록은 그 증명도 함께 신청하는 뜻의 표시가 있는 경우에만 등기사항증명서에 이를 포함하여 발급한다.

② **구분건물** : 1동의 건물의 표제부와 해당 전유부분에 관한 등기기록을 1개의 등기기록으로 본다.

③ 등기신청이 접수된 부동산에 관하여는 등기관이 그 등기를 마칠 때까지 등기사항증명서를 발급하지 못한다. 다만, 그 부동산에 등기신청사건이 접수되어 처리 중에 있다는 뜻을 등기사항증명서에 표시하여 발급할 수 있다.

④ **중복등기가 된 토지** : 중복등기 전부를 복사하여 보존등기의 순서대로 합철한 후 그 말미에 인증문을 부기하여 이를 발급하여야 한다.

Chapter 03

등기절차 총론

제1절 등기절차 개시

1 신청주의원칙과 그 예외

1. 원칙 : 당사자의 신청 또는 관공서의 촉탁

등기는 당사자의 신청 또는 관공서의 촉탁에 따라 한다. 다만, 법률에 다른 규정이 있는 경우에는 그러하지 아니하다.

(1) 부동산등기법상의 신청의무

① 토지의 표시변경등기 → 위반시 : 50만원 이하의 과태료 ×

토지의 분합, 합병, 멸실, 소재지번의 변경, 면적의 증감, 지목의 변경이 있는 경우에는 소유권의 등기명의인은 1개월 이내에 그 토지의 변경등기를 신청하여야 한다.

② 건물의 경우 → 위반시 : 50만원 이하의 과태료 ×

건물의 분합, 번호 및 종류와 구조의 변경, 면적의 증감, 부속건물의 신축, 건물의 멸실, 부존재하는 건물에 대한 등기가 있는 경우 그리고 집합건물의 경우의 대지권 변경이 있거나 소멸이 있는 경우에도 건물의 소유자가 1월 이내에 변경등기를 신청하여야 한다.

(2) 부동산등기특별조치법상의 신청의무 → 위반시 : 과태료 ○

① 소유권보존등기 신청의무

보존등기가 되어 있지 아니한 부동산에 대하여 소유권이전을 내용으로 하는 계약을 체결한 자는

㉠ 소유권보존등기를 신청할 수 있음에도 불구하고 소유권이전계약을 체결한 경우에는 그 <u>계약을 체결한 날</u>로부터 60일 이내에,

㉡ 소유권이전계약을 체결한 후에 비로소 소유권보존등기를 할 수 있게 된 경우에는 소유권보존등기를 <u>신청할 수 있게 된 날</u>로부터 60일 이내에 소유권보존등기 신청의무가 있다.

② 소유권이전등기신청 의무

부동산의 소유권이전을 내용으로 하는 계약을 체결한 자는

㉠ 계약의 당사자가 서로 대가적인 채무를 부담하는 경우에는 <u>반대급부의 이행이 완료</u><u>된 날부터 60일 이내</u>에 소유권등기 신청의무가 있고,

㉡ 계약당사자의 일방만이 채무를 부담하는 경우에는(예 증여) <u>계약의 효력이 발생한</u><u>날로부터 60일 이내</u>에 소유권이전등기를 신청하여야 한다.

(3) 관공서의 촉탁등기에 관한 예규[등기예규 제1625호, 시행 2017. 7. 18]

① 등기촉탁을 할 수 있는 관공서의 범위

등기촉탁을 할 수 있는 관공서는 원칙적으로 국가 및 지방자치단체를 말한다. 국가 또는 지방자치단체가 아닌 공사 등은 등기촉탁에 관한 특별규정이 있는 경우에 한하여 등기촉탁을 할 수 있다.

② 우편에 의한 등기촉탁 가능 여부

관공서가 등기를 촉탁하는 경우에는 본인이나 대리인의 출석을 요하지 아니하므로 우편에 의한 등기촉탁도 할 수 있다.

③ 관공서가 촉탁에 의하지 아니하고 공동신청에 의하여 등기를 할 수 있는지 여부

관공서가 부동산에 관한 거래의 주체로서 등기를 촉탁할 수 있는 경우라 하더라도 촉탁은 신청과 실질적으로 아무런 차이가 없으므로, 촉탁에 의하지 아니 하고 등기권리자와 등기의무자의 공동으로 등기를 신청할 수도 있다.

④ 관공서의 등기촉탁시 등기의무자의 권리에 관한 등기필정보를 제공하는지 여부

관공서가 등기의무자로서 등기권리자의 청구에 의하여 등기를 촉탁하거나 부동산에 관한 권리를 취득하여 등기권리자로서 그 등기를 촉탁하는 경우에는 등기의무자의 권리에 관한 <u>등기필정보를 제공할 필요가 없다. 이 경우 관공서가 촉탁에 의하지 아니하고 법무사 또는 변호사에게 위임하여 등기를 신청하는 경우에도 같다.</u>

⑤ 등기의무자의 주소를 증명하는 정보의 제공 여부

매각 또는 공매처분 등을 원인으로 관공서가 소유권이전등기를 촉탁하는 경우에는 등기의무자의 주소를 증명하는 정보를 제공할 필요가 없다.

⑥ 관공서의 등기촉탁시 등기기록과 대장의 표시가 불일치하는 경우

「부동산등기법」제29조 제11호는 그 등기명의인이 등기신청을 하는 경우에 적용되는 규정이므로, 관공서가 등기촉탁을 하는 경우에는 <u>등기기록과 대장상의 부동산의 표시가 부합하지 아니하더라도 그 등기촉탁을 수리하여야 한다.</u>

2. 예외(법률의 규정) : 등기관의 직권에 의한 등기 또는 법원의 명령

2 등기신청의 당사자능력(등기명의적격)

1. 자연인 : 누구나 ○ → 태아 : ×

2. 법인 : 영리·비영리 불문, 사단·재단 불문 ○

사법인·공법인(국가, 지방자치단체〈시·도/시·군·구〉)불문
→ 읍·면·동·리 ×, 그러나 동·리가 권리능력 없는 사단으로서의 요건을 갖춘 경우에는 그 명의로 등기를 할 수 있다.

3. 권리능력 없는 사단·재단

인정되는 경우	인정되지 않는 경우
① 수리계 ② 한국방송통신대학교기성회 ③ 종중·교회·사찰 ④ 주무관청으로부터 인가 취소된 주택조합 ⑤ 아파트입주자 대표회의 ⑥ 도시및주거환경정비법에 의한 정비사업조합	① 서울특별시사고대책본부 ② 대한민국 재향경우회의 지부

(1) 종중, 문중, 그 밖에 대표자나 관리인이 있는 법인 아닌 사단이나 재단에 속하는 부동산의 등기에 관하여는 그 사단이나 재단을 등기권리자 또는 등기의무자로 한다.

(2) 법인 아닌 사단이나 재단에 속하는 부동산의 등기는 그 사단이나 재단의 명의로 그 대표자나 관리인이 신청한다.

(3) **신청정보** : 대표자 또는 관리인의 성명, 주소, 주민등록번호를 신청정보의 내용으로 제공하여야 한다.

(4) **첨부정보**

   ㉠ 정관이나 그 밖의 규약

   ㉡ 대표자나 관리인을 증명하는 정보. 다만, 등기되어 있는 대표자나 관리인이 신청하는 경우에는 그러하지 아니하다.

   ㉢ 대표자나 관리인의 주소 및 주민등록번호를 증명하는 정보(주민등록표등본)

   ㉣ 법인 아닌 사단이 등기의무자인 경우 : 사원총회의 결의가 있음을 증명하는 정보

   ㉤ 법인 아닌 사단이 등기권리자인 경우 : 부동산등기용등록번호를 증명하는 서면

4. **학교** : 학교 명의로 ×, 설립자 명의 ○

5. **민법상 조합** : 조합 자체 ×, 조합원 전원의 합유등기

   cf. 특별법상의 조합(농협, 수협 등)명의 ○

3 **등기신청능력** : 등기신청행위를 할 수 있는 능력

등기권리자는 의사능력만 있으면 족하고, 등기의무자는 의사능력뿐만 아니라 행위능력까지 있어야 한다. 즉, 미성년자라도 소유권보존등기의 신청능력이 있다.

제2절 등기신청인

1 **공동신청**

1. **원칙** : 법률에 다른 규정이 없는 경우에는 등기권리자와 등기의무자가 공동으로 신청한다.

	등기권리자	등기의무자
실체법상	등기청구권을 가지는 자	등기신청에 협력의무를 부담하는 자
절차법상	등기가 실행되면 등기기록상 권리 또는 이익을 취득하는 자	등기가 실행되면 등기기록상 권리 또는 이익을 상실하게 되는 자

대부분의 경우에는 일치. 그러나 양자가 언제나 일치하는 것은 아니다.

	등기권리자	등기의무자
매 매	매수인	매도인
가등기에 기한 본등기	가등기 권리자	가등기 의무자 (제3취득자×)
저당권이전등기 후 저당권말소등기	저당권설정자	저당권의 양수인 (양도인×)
저당권이 설정된 부동산의 소유권이전등기 후 채무변제를 원인으로 저당권말소등기	저당권설정자 또는 제3취득자	저당권자
저당권이 설정된 부동산의 소유권이전등기 후 원인무효를 원인으로 저당권말소등기	제3취득자	저당권자

2 단독신청

1. 등기절차의 이행 또는 인수를 명하는 **판결에 의한 등기**는 승소한 등기권리자 또는 등기의무자가 단독으로 신청하고, 공유물을 분할하는 판결에 의한 등기는 등기권리자 또는 등기의무자가 단독으로 신청한다. 〈개정 2020. 2. 4.〉

① 이행판결일 것
   ㉠ '○○등기절차를 이행하라'와 같이 등기신청 의사를 진술하는 것이어야 한다.
   ㉡ 판결주문에 필수적 정보사항이 기재되어 있어야 한다.

② 공유물분할판결은 형성판결이지만 예외적으로 단독으로 신청할 수 있다.
   또한 공유물분할판결이 확정되면 소송 당사자는 원·피고에 관계없이 단독으로 공유물분할을 원인으로 지분이전등기를 신청할 수 있다.

③ 확정판결일 것 → 가집행선고가 붙은 판결 ×

④ 화해조서·인낙조서·민사조정조서·조정에 갈음하는 결정·화해권고결정 ○ → 공정증서에 의해서 단독신청 ×

⑤ 소유권이전등기절차의 이행을 명하는 확정판결을 받았다면 그 확정시기가 언제인가에 관계없이 판결확정 후 10년이 경과하였더라도 그 판결에 의한 소유권이전등기신청을 할 수 있다.

⑥ 패소한 자는 판결에 의해서 직접 또는 대위하여 등기신청을 할 수 없다.

⑦ 신청정보의 내용

	이행판결	형성판결
등기원인과 그 연월일	판결주문에 기재된 법률행위, 법률행위성립일 → 명시× : 확정판결, 판결선고일	판결에서 행한 형성처분, 판결확정일

⑧ 첨부정보
   ㉠ 등기원인을 증명하는 정보로서 판결서정본과 확정증명서를 첨부 ○
      cf. 집행문은 원칙적으로 첨부 ×, 예외적으로 첨부 ○
      cf. 송달증명서 첨부 ×
   ㉡ 등기필정보와 인감증명은 제공하지 ×

2. 가등기

① 원칙 : 공동신청

② 예외 : 가등기권리자는 가등기의무자의 승낙이 있거나 가등기를 명하는 법원의 가처분 명령이 있을 때에는 단독으로 가등기를 신청할 수 있다.

3. 수용으로 인한 소유권이전등기

4. 신탁재산에 속하는 부동산의 신탁등기는 수탁자가 단독으로 신청한다.

5. 규약상공용부분이라는 뜻의 등기

6. 멸실등기 ↔ 말소등기(단독신청의 예외있음)

7. 법인의 합병, 그 밖에 포괄승계에 따른 등기

8. 상속등기 ↔ 유증으로 인한 소유권이전등기(포괄, 특정유증을 불문하고 공동으로 신청한다.)

9. 소유권보존등기

10. 등기명의인표시의 변경이나 경정등기 ↔ 권리변경·경정등기(공동신청)

11. 부동산표시의 변경이나 경정등기

3 제3자에 의한 등기신청

1. 포괄승계인에 의한 등기신청

① 신청정보의 내용 : ○년 ○월 ○일 매매(상속 ×)

② 첨부정보

  ㉠ 등기원인을 증명하는 정보 : 생전에 작성한 매매계약서

  ㉡ 등기의무자의 인감증명 : 상속인 전원의 인감증명

  ㉢ 등기의무자의 권리에 관한 등기필증, 등기필정보통지서

구 분	포괄승계인에 의한 등기	상속등기
등기원인	피상속인과 제3자의 매매	상속
등기신청	상속인과 제3자의 공동신청	상속인의 단독신청

③ 신청정보에 기재된 등기의무자의 표시가 등기기록과 부합하지 않지만 각하하지 않는다.

2. 대위등기신청

(1) 채권자대위권에 의한 등기신청

① 채권자의 채권자 ○

② 특정채권자 · 금전채권자 ○

③ 채무자가 등기권리자로서 신청할 등기 또는 채무자의 권리에 영향이 없는 중성적인 등기(등기명의인의 표시변경 · 경정등기, 부동산표시변경등기)에 한
→ 채무자가 등기의무자로서 신청할 등기는 대위 신청 ×

④ 채무자와 제3자가 공동신청하는 등기는 공동대위, 단독신청은 단독대위 ○
상속인이 한정승인 또는 상속포기를 할 수 있는 기간 내에도 상속인의 채권자가 대위권을 행사하여 상속등기를 신청할 수 있다.

⑤ 등기부 : 대위자의 성명 또는 명칭, 주소 또는 사무소 소재지 및 대위원인을 기록하여야 한다.

⑥ 등기완료 후 : 등기필정보는 작성 ×, 신청인인 대위채권자와 피대위자에게 등기완료통지를 한다.

(2) 구분소유자의 대위신청

① 구분건물의 소유자는 1동의 건물에 속하는 구분건물 중 일부만에 관하여 소유권보존등기를 신청하는 경우에는 나머지 구분건물의 표시에 관한 등기를 동시에 다른 구분건물의 소유자를 대위하여 신청하여야 한다.

② 구분건물이 아닌 건물로 등기된 건물에 접속하여 구분건물을 신축한 경우에 그 신축건물의 소유권보존등기를 신청할 때에는 구분건물이 아닌 건물을 구분건물로 변경하는 건물의 표시변경등기를 동시에 다른 구분건물의 소유자를 대위하여 신청하여야 한다.

③ 구분건물로서 그 대지권의 변경이나 소멸이 있는 경우에는 구분건물의 소유권의 등기명의인은 1동의 건물에 속하는 다른 구분건물의 소유권의 등기명의인을 대위하여 그 등기를 신청할 수 있다.

(3) 멸실등기의 대위신청

건물이 멸실된 경우에는 그 소유권의 등기명의인이 1개월 이내에 멸실등기를 신청하지 아니하면 그 건물대지의 소유자가 건물 소유권의 등기명의인을 대위하여 그 등기를 신청할 수 있다.

3. 대리인에 의한 등기신청

(1) 임의대리인의 자격

① 방문신청대리인

누구나○ 단, 변호사 또는 법무사가 아닌 자는 등기신청의 대리행위를 業 ×

② 전자신청대리인

변호사 또는 법무사가 아닌 자는 다른 사람을 대리하여 전자신청을 ×

(2) 자기계약, 쌍방대리의 허용

제**3**절 **등기신청**

---

1 **등기신청의 방법**

1. 방문신청

① 등기신청서에 신청정보의 내용으로 등기소에 제공하여야 하는 정보를 적고 신청인 또는 그 대리인이 기명날인하거나 서명하여야 한다.

② 등기신청서에 첨부정보로서 등기소에 제공하여야 하는 정보를 담고 있는 서면을 첨부하여야 한다.

③ 신청서가 여러 장일 때에는 신청인 또는 그 대리인이 간인을 하여야 하고, 등기권리자 또는 등기의무자가 여러 명일 때에는 그 중 1명이 간인하는 방법으로 한다. 다만, 신청서에 서명을 하였을 때에는 각 장마다 연결되는 서명을 함으로써 간인을 대신한다.

④ 신청서나 그 밖의 등기에 관한 서면을 작성할 때에는 자획(字劃)을 분명히 하여야 한다.

⑤ 신청서나 그 밖의 등기에 관한 서면에 적은 문자의 정정, 삽입 또는 삭제를 한 경우에는 그 글자 수를 난외(欄外)에 적으며 문자의 앞뒤에 괄호를 붙이고 이에 날인 또는 서명하여야 한다. 이 경우 삭제한 문자는 해독할 수 있게 글자체를 남겨두어야 한다.

※ 전자표준양식에 의한 신청과 구별

방문신청을 하고자 하는 신청인은 신청서를 등기소에 제출하기 전에 전산정보처리조직에 신청정보를 입력하고, 그 입력한 신청정보를 서면으로 출력하여 등기소에 제출하는 방법으로 할 수 있다(규칙 제64조).

2. 전자신청

신청정보 및 첨부정보를 보내는 방법(법원행정처장이 지정하는 등기유형으로 한정한다)으로 신청한다.

2 신청정보

1. 신청정보의 제공방법

등기의 신청은 1건당 1개의 부동산에 관한 신청정보를 제공하는 방법으로 하여야 한다. 다만, 등기목적과 등기원인이 동일하거나 그 밖에 대법원규칙으로 정하는 경우에는 <u>같은 등기소의 관할 내</u>에 있는 여러 개의 부동산에 관한 신청정보를 일괄하여 제공하는 방법으로 할 수 있다.

2. 필요적 신청정보의 내용

① 부동산의 표시에 관한 사항

② 등기의 목적

③ 등기원인과 그 연월일

④ **등기할 권리자가 2인 이상인 경우**

　㉠ 등기할 권리자가 2인 이상일 때에는 그 지분

　㉡ 등기할 권리자가 2인 이상일 경우에 등기할 권리가 합유일 때에는 합유라는 뜻.

⑤ 신청인의 성명(또는 명칭), 주소(또는 사무소 소재지) 및 주민등록번호(또는 부동산등기용등록번호)와 ㉠ 신청인이 법인인 경우에는 그 대표자의 성명과 주소, ㉡ 법인 아닌 사단·재단인 경우에는 대표자 또는 관리인의 성명·주소·주민등록번호, ㉢ 대리인인 경우에는 대리인의 성명과 주소 ㉣ 채권자대위신청인 경우는 신청인이 대위자라는 뜻, 대위자의 성명과 주소, 대위원인을 제공하여야 한다.

⑥ 등기필정보. 다만, 공동신청 또는 승소한 등기의무자의 단독신청에 의하여 권리에 관한 등기를 신청하는 경우로 한정한다.

⑦ 신청연월일

⑧ 등기소의 표시

3. 임의적 신청정보의 내용 : 권리의 소멸의 약정, 공유물불분할약정

등기원인에 있으면 그 약정이 있는 경우에는 신청정보의 내용으로 제공하여야 한다.

4. 신청인 또는 그 대리인이 기명날인·서명

서명할 수 있는 등기신청은 인감증명을 첨부정보로 등기소에 제공할 필요가 없는 등기신청의 경우로 제한된다.

3 첨부정보

1. 등기원인을 증명하는 정보(등기원인증서)

등기원인을 증명하는 정보	
소유권이전	매매계약서, 증여계약서, 공유물분할계약서, 명의신탁해지증서, 대물반환계약서, 매매허가결정정본, 가족관계등록사항별증명서, 상속재산분할협의서, 유언증서, 사인증여증서 등.
가등기	매매예약서
수 용	협의성립확인서, 협의성립공정증서와 그 수리증명서, 재결서
경 매	경매개시결정정본
판 결	집행력 있는 판결정본
규약상 공용부분인 뜻의 등기	규약 또는 공정증서

(1) 검인계약서

① 계약을 원인으로 한 소유권이전등기 신청시
→ 등기원인을 증명하는 정보(계약서 또는 판결서(화해조서, 인락조서, 조정조서))에 검인(시장, 군수, 구청장)을 받아야 한다.

② 미등기건물, 무허가건물 ○ → 선박, 입목, 재단등기 ×

③ × : 경락(매각), 공매, 상속, 취득시효, 권리포기, 수용, 진정명의 회복

④ 소유권이전등기만 → 말소등기, 가등기 ×, 지상권설정, 저당권설정 ×

⑤ 일방 당사자가 국가, 지자체인 경우 ×

⑥ 토지거래허가를 받은 경우 → 검인받은 것으로 간주되므로 검인받을 필요 ×

⑦ 거래가액신고필증을 받은 경우 → 검인받을 필요 ×

(2) 거래신고필증, 매매목록

2006.1.1.이후 작성된 매매계약서를 등기원인증명정보로 소유권이전등기를 신청하는 경우에 제공하여야 한다.

※ 아래 각호의 경우에는 거래가액을 등기하지 않는다.
ㄱ 2006. 1. 1.이전에 작성된 매매계약서에 의한 등기신청을 하는 때
ㄴ 등기원인이 매매라 하더라도 등기원인증서가 판결, 조정조서 등 매매계약서가 아닌 때
ㄷ 매매계약서를 등기원인증서로 제출하면서 소유권이전등기가 아닌 소유권이전청구권 가등기를 신청하는 때

> ※ 소유권이전청구권가등기에 의한 본등기를 신청하는 경우
> 매매예약을 원인으로 한 소유권이전청구권가등기에 의한 본등기를 신청하는 때에는, <u>매매계약서를 등기원인증서로 제출하지 않는다 하더라도</u> 거래가액을 등기한다.

1) 신청

① 신청정보의 내용 : 거래가액(신고한 금액), 거래신고일련번호

② 첨부정보로서 등기소에 제공

    ㉠ 시장·군수 또는 구청장으로부터 제공받은 거래계약신고필증정보

    ㉡ 거래부동산이 2개 이상인 경우 또는 거래부동산이 1개라 하더라도 여러 명의 매도인과 여러 명의 매수인 사이의 매매계약인 경우에는 매매목록

2) 등기방법

등기기록 중 갑구의 권리자 및 기타사항란에 거래가액 또는 매매목록의 번호를 기록하는 방법으로 한다.

2. 등기의무자의 권리에 관한 등기필증·등기필정보

(1) 등기필증 받은 자는 → 첨부정보로

등기필정보통지서를 소지한 자 → 신청정보의 내용으로 제공하여야 한다.

(2) 등기필정보를 제공하는 경우

권리에 관한 등기를 공동신청하는 경우, 승소한 등기의무자가 단독으로 권리에 관한 등기를 신청하는 경우

(3) 등기필증, 등기의무자의 등기필정보 제공 불요

① 단독신청하는 경우 : 소유권보존등기, 등기명의인·부동산의 표시변경·경정등기, 상속으로 인한 소유권이전등기

    cf. 승소한 등기의무자가 판결에 의하여 등기 신청시에는 제출 ○

② 관공서가 등기 촉탁하는 경우

(4) 등기필증 멸실 또는 등기필정보가 없는 경우 : 재교부 ×, 인우보증서 ×

① 등기의무자 또는 그 법정대리인이 등기소에 출석 → 확인조서 작성

② 대리인의 확인정보 제공

③ 공증서면부본의 제공

3. 인감증명서

방문신청 → 제출

전자신청 → 공인인증서정보 송신, 인감증명정보의 송신 ×

(1) 인감증명을 첨부하여야 하는 경우(규칙 제60조)

① 방문신청을 하는 경우에는 다음 각 호의 인감증명을 제출하여야 한다. 이 경우 해당 신청서(위임에 의한 대리인이 신청하는 경우에는 위임장을 말한다)나 첨부서면에는 그 인감을 날인하여야 한다.

    ㉠ 소유권의 등기명의인이 등기의무자로서 등기를 신청하는 경우 등기의무자의 인감 증명

    ㉡ 소유권에 관한 가등기명의인이 가등기의 말소등기를 신청하는 경우 가등기명의인 의 인감증명

    ㉢ 소유권 외의 권리의 등기명의인이 등기의무자로서 등기의무자의 등기필정보 제공 없이 등기를 신청하는 경우 등기의무자의 인감증명

    ㉣ 「공간정보의 구축 및 관리등에 관한 법률」에 따른 토지합병절차를 마친 후 합필등 기를 하기 전에 합병된 토지 중 어느 토지에 관하여 소유권이전등기가 된 경우라 하더라도 이해관계인의 승낙이 있으면 해당 토지의 소유권의 등기명의인들은 합필 후의 토지를 공유로 하는 합필등기를 신청하는 경우에는 종전 토지의 소유권이 합 병 후의 토지에서 차지하는 지분을 신청정보의 내용으로 등기소에 제공하고, 이에 관한 토지소유자들의 확인이 있음을 증명하는 정보(확인서)를 첨부하여 토지합필등 기를 신청하는 경우 그 토지소유자들의 인감증명

    ㉤ 1필의 토지의 일부에 지상권·전세권·임차권이나 승역지의 일부에 관하여 하는 지 역권의 등기가 있는 경우에 분필등기를 신청할 때에는 권리가 존속할 토지의 표시 에 관한 정보를 신청정보의 내용으로 등기소에 제공하고, 이에 관한 권리자의 확인 이 있음을 증명하는 정보(확인서)를 첨부하여 토지분필등기를 신청하는 경우 그 권 리자의 인감증명

    ㉥ 협의분할에 의한 상속등기를 신청하는 경우 상속재산분할협의서에 날인한 상속인 전원의 인감증명

    ㉦ 등기신청서에 제3자의 동의 또는 승낙을 증명하는 서면을 첨부하는 경우 그 제3자 의 인감증명

    ㉧ 법인 아닌 사단이나 재단의 등기신청에서 대법원예규로 정한 경우

② ㉠ ㉡ ㉢ ㉥에 따라 인감증명을 제출하여야 하는 자가 다른 사람에게 권리의 처분권한 을 수여한 경우에는 그 대리인의 인감증명을 함께 제출하여야 한다.

(2) 인감증명을 첨부할 필요가 없는 경우

① 단독신청

② 환매특약등기

③ 인감증명을 제출하여야 하는 자가 국가 또는 지방자치단체인 경우

④ 제1항 제4호부터 제7호까지의 규정에 해당하는 서면(지분확인서, 권리확인증명서면, 상속재산분할협의서, 제3자의 승낙서)이 공정증서이거나 당사자가 서명 또는 날인하였다는 뜻의 공증인의 인증을 받은 서면인 경우

(3) 첨부하여야 할 인감증명

신청인	인감증명
① 대한민국 국민	본인의 인감증명 단, 법정대리인이 등기신청을 하는 경우에는 법정대리인의 인감증명
② 법인 또는 국내에 영업소나 사무소의 설치등기를 한 외국법인	등기소의 증명을 얻은 그 대표자의 인감증명
③ 비법인 사단·재단	대표자 또는 관리인의 인감증명
④ 외국인	「인감증명법」에 따른 인감증명 또는 본국의 관공서가 발행한 인감증명, 다만, 본국에 인감증명제도가 없고 또한 「인감증명법」에 따른 인감증명을 받을 수 없는 자는 신청서나 위임장 또는 첨부서면에 본인이 서명 또는 날인하였다는 뜻의 본국 관공서의 증명이나 본국 또는 대한민국 공증인의 인증(「재외공관 공증법」에 따른 인증을 포함한다)
⑤ 재외국민	인감증명법상의 인감증명 위임장이나 첨부서면에 본인이 서명 또는 날인하였다는 뜻의 「재외공관 공증법」에 따른 인증

(4) 인감증명 등의 유효기간

법인등기사항증명서, 건축물대장·토지대장·임야대장 등본, 가족관계등록사항별증명서, 주민등록표등본·초본, 인감증명은 발행일부터 3개월 이내의 것이어야 한다.

→ 발급일자의 기재가 누락된 인감증명을 첨부하여 등기신청을 할 수는 없다.

(5) 용도 : 기재×, 다른 용도로 사용 ○

매매를 원인으로 한 "소유권이전등기"신청 → 반드시 부동산매도용인감증명 제출

4. 등기원인에 대하여 제3자의 허가, 동의 또는 승낙이 필요한 경우에는 이를 증명하는 정보

(1) 법정대리인의 동의서(무능력자의 법률행위시)

(2) 토지거래계약허가서(유상계약에 기하여 소유권·지상권의 이전, 설정등기, 가등기를 신청시)

(3) 농지취득자격증(법률행위에 의한 소유권이전등기 신청시)

5. 주소를 증명하는 정보

등기부에 새로 등기명의인이 되는 자가 등기권리자로서 등기신청을 하는 경우
주민등록표정보나 법인등기사항증명정보

① 소유권보존등기, 담보권과 용익물권의 설정등기, 각종 권리의 이전등기
→ 등기권리자만 제공한다.

② 소유권이전등기를 신청하는 경우 → 등기권리자와 등기의무자 모두 제공한다.

③ 특칙 : 소유권이전등기를 신청함에 있어 판결에 의하여 등기권리자가 단독으로 신청하거나, 경매 등으로 인한 관공서의 촉탁등기인 경우에는 등기권리자만 제공한다.

6. (등기권리자의)주민등록번호(또는 부동산등기용등록번호)를 증명하는 정보

등기부에 새로 등기명의인이 되는 자가 등기권리자로서 등기신청을 하는 경우
즉 소유권보존등기, 소유권이전등기, 담보권과 용익물권의 설정등기

등기권리자	등록번호의 부여기관
법인(외국법인)	주된 사무소소재지 관할등기소의 등기관
비법인 사단·재단 및 국내에 영업소나 사무소의 설치 등기를 하지 아니한 외국법인	시장·군수·구청장

외국인	체류지(국내에 체류지가 없는 경우에는 대법원 소재지에 체류지가 있는 것으로 본다)를 관할하는 지방출입국 · 외국인관서의 장
주민등록번호가 없는 재외국민	대법원소재지 관할등기소의 등기관
국가, 지자체, 국제기관, 외국정부	국토교통부장관이 지정 · 고시
북한주민	법무부장관

7. 대장등본 기타 부동산표시증명서면

부동산표시변경등기, 멸실등기, 소유권보존등기, 소유권이전등기시

8. 도 면

(1) 소유권보존등기

① 토지 : ×

② 건물 : 원칙은 ×. 예외적으로 건물의 소유권보존등기를 신청하는 경우에 그 대지 위에 여러 개의 건물이 있을 때에는 그 대지 위에 있는 건물의 소재도를 제공하여야 한다. 다만, 건물의 표시를 증명하는 정보로서 건축물대장 정보를 등기소에 제공한 경우에는 그러하지 아니하다.

③ 구분건물 : 1동의 건물의 소재도, 각 층의 평면도와 전유부분의 평면도를 제공하여야 한다. 다만, 건물의 표시를 증명하는 정보로서 건축물대장 정보를 등기소에 제공한 경우에는 그러하지 아니하다.

(2) 부동산일부에 대한 지상권 · 지역권 · 전세권 · 임차권설정등기

① 지상권설정의 범위가 부동산의 일부인 경우에는 그 부분을 표시한 지적도

② 지역권 설정의 범위가 승역지의 일부인 경우에는 그 부분을 표시한 지적도

③ 전세권설정 또는 전전세의 범위가 부동산의 일부인 경우에는 그 부분을 표시한 지적도나 건물도면

④ 임차권설정 또는 임차물 전대의 범위가 부동산의 일부인 경우에는 그 부분을 표시한 지적도나 건물도면

※ 주의 : 건물의 특정층 전부에 대한 전세권설정등기신청과 도면 첨부

부동산의 일부에 대한 전세권(임차권)설정등기 신청서에는 그 도면을 첨부하여야 할 것인바, 다만 전세권(임차권)의 목적인 범위가 건물의 일부로서 특정층 전부인 때에는 그 도면을 첨부할 필요가 없다.(2007. 7. 30. 부동산등기과－2482)

4 전자신청

신청정보 및 첨부정보를 보내는 방법(법원행정처장이 지정하는 등기유형으로 한정한다)으로 신청한다.

1. 사용자등록

① 등기소에 출석하여 신청서를 제출하여야 한다.

② 사용자등록 신청서에는 인감을 날인, 인감증명과 주소를 증명하는 서면을 첨부한다.

(2) 사용자등록의 유효기간

① 3년으로 한다.

② 사용자등록의 유효기간 만료일 3개월 전부터 만료일까지는 그 유효기간의 연장을 신청할 수 있으며, 그 연장기간은 3년으로 한다.

2. 전자신청의 방법

① 전자신청은 당사자가 직접 하거나 자격자대리인이 당사자를 대리하여 한다. 다만, 법인 아닌 사단이나 재단은 전자신청을 할 수 없으며, 외국인의 경우에는 「출입국관리법」에 따른 외국인등록 또는 「재외동포의 출입국과 법적 지위에 관한 법률」에 따른 국내거소신고를 갖추어야 한다.

② 전자문서를 송신할 때에는 전자서명정보(공인인증서)를 함께 송신하여야 한다.

3. 각 하

각하결정의 방식및 고지방법은 방문신청과 동일한 방법으로 처리한다.(즉 전산정보처리조직에 의하지 아니한다.)

제4절 등기신청의 접수 및 심사

1 등기신청의 접수

등기관은 등기신청을 접수할 의무 → 무조건 접수 ○

1. 방문신청

① 전산정보처리조직에 접수연월일, 접수번호, 등기의 목적, 신청인의 성명 등을 **입력**.

② 접수시기

방문신청이든 전자신청이든 해당 부동산이 다른 부동산과 구별될 수 있게 하는 등기신청정보가 전산정보처리조직에 **저장**된 때 접수된 것으로 본다.

③ 등기의 효력발생시기

등기관이 등기를 마친 경우(등기사무를 처리한 등기관이 누구인지 알 수 있는 조치를 하였을 때) 그 등기는 접수한 때부터 효력을 발생한다.

2. 전자신청

신청정보의 송신이 있으면 자동으로 신청정보와 첨부정보가 접수되기 때문에 방문신청과 달리 별도의 접수절차가 없다.

3. 동일한 부동산에 관하여 동시에 수 개의 신청이 있는 때에는 동일한 접수번호를 기록하여야 한다.

〈동시 신청하는 경우〉: 위반 → 각하

① 환매특약등기와 소유권이전등기

② 신탁등기와 신탁으로 인한 소유권이전등기

③ 구분건물의 소유권보존등기와 나머지 미등기구분건물의 표시등기

④ 건물신축으로 인하여 구분건물이 아닌 건물이 구분건물로 된 경우
   → 신축건물의 보존등기와 다른 건물의 표시에 관한 등기 또는 표시변경등기

2 등기신청에 대한 심사

1. 형식적 심사주의

등기관은 신청정보 및 첨부정보와 등기부에 의하여 등기요건에 합당한지 여부를 심사할 권한밖에 없다.

2. 등기신청의 각하

(1) 각하사유

> 1호. 사건이 그 등기소의 관할이 아닌 경우
> 2호. 사건이 등기할 것이 아닌 경우

1) 실체법상 불허용
   ㉠ 불분할기간을 5년이 넘는 기간으로 하는 공유물불분할약정, 소유권이전등기신청과 동시에 하지 않은 환매특약등기
   ㉡ 지상권(용익권)이 설정된 토지에 대하여 지상권(용익권)설정등기를 신청한 때
   ㉢ 지역권을 요역지와 분리한 지역권이전등기
   ㉣ 농경지를 목적으로 하는 전세권설정등기
   ㉤ 저당권을 피담보채권과 분리하여 양도하거나, 피담보채권과 분리하여 다른 채권의 담보로 하는 등기를 신청한 경우
   ㉥ 공유지분에 대한 소유권보존등기, 지상권, 전세권, 임차권설정등기
   ㉦ 부동산의 일부에 대한 소유권보존등기, 소유권이전등기, 저당권설정등기
   ㉧ 합유자 중 1인의 지분에 대한 가압류등기 촉탁

2) 절차법상 불허용
   ① 등기할 사항이 아닌 물건(P.4,5)
   ② 등기할 사항이 아닌 권리(P.4,5)
   ③ 등기할 사항이 아닌 권리변동

등기할 사항인 권리변동	등기할 사항이 아닌 권리변동
① 공유자 중 1인이 신청하는 공유자 전원명의의 보존등기	① 공유자 중 1인이 신청하는 자기지분만에 관한 보존등기
② 공동상속인 중 1인이 신청하는 상속인 전원명의의 상속등기	② 공동상속인 중 1인이 신청하는 자기상속분만에 관한 상속등기
③ 공동가등기권리자 중 1인이 신청하는 자기지분만의 본등기	③ 공동가등기권리자 중 1인이 신청하는 가등기권리자 전원명의의 본등기
④ 가등기상의 권리의 처분을 금지하는 가처분등기	④ 가등기에 대한 본등기를 금지하는 가처분등기
⑤ 포괄유증의 경우 수증자 중 1인이 신청하는 자기 지분 만에 관한 소유권이전등기	⑤ 물권적 청구권 보전을 위한 가등기
⑥ 가처분등기 후 그에 반하는 소유권이전등기	
⑦ 매매계약서상의 수 개의 부동산 중 일부에 관한 소유권이전등기	

③ 기타 절차법상 불허용

  ㉠ 1부동산 1등기기록의 원칙에 위배되는 등기신청
    이미 보존등기된 부동산에 대하여 다시 보존등기를 신청한 경우

  ㉡ 법령에 근거가 없는 특약사항의 등기를 신청한 경우
    저당권설정등기를 함에 있어서 변제기에 채무를 변제하지 아니하면 저당목적물로 변제에 충당한다는 대물변제에 관한 특약의 등기신청

  ㉢ 구분건물의 전유부분과 대지사용권의 분리처분 금지에 위반한 등기를 신청한 경우

  ㉣ 관공서 또는 법원의 촉탁으로 실행되어야 할 등기를 신청한 경우
    가압류, 가처분, 경매개시결정등기 등을 채권자가 신청한 경우

  ㉤ 동시신청해야 할 사항을 동시에 신청하지 않은 경우

  ㉥ 2인의 공유로 등기가 경료된 후에, 나중에 발생한 사유로 그 등기를 나머지 1인의 단독소유로 경정해 달라는 등기신청

3호. 신청할 권한이 없는 자가 신청한 경우

　　등기신청당사자능력이나 등기신청당사자적격이 없는 자에 의한 등기신청.

4호. 신청정보 및 첨부정보를 적은 서면을 제출하는 방법에 따라 등기를 신청할 때에 당사자나 그 대리인이 출석하지 아니한 경우

5호. 신청정보의 제공이 대법원규칙으로 정한 방식에 맞지 아니한 경우

6호. 신청정보의 부동산 또는 등기의 목적인 권리의 표시가 등기기록과 일치하지 아니한 경우

7호. 신청정보의 등기의무자의 표시가 등기기록과 일치하지 아니한 경우. 다만, 제27조에 따라 포괄승계인이 등기신청을 하는 경우는 제외한다.

8호. 신청정보와 등기원인을 증명하는 정보가 일치하지 아니한 경우

9호. 등기에 필요한 첨부정보를 제공하지 아니한 경우

10호. 취득세, 등록면허세 또는 수수료를 내지 아니하거나 등기신청과 관련하여 다른 법률에 따라 부과된 의무를 이행하지 아니한 경우

11호. 신청정보 또는 등기기록의 부동산의 표시가 토지대장·임야대장 또는 건축물대장과 일치하지 아니한 경우

(3) 흠결의 보정

① 등기관은 반드시 보정통지할 법률상 의무는 없고, 더구나 보정통지를 했다 하여도 그 이유에 대한 석명의무도 없다.

② 등기관이 보정을 명한 날의 다음 날까지(다음날이 공휴일인 경우에는 다음 근무일)

(4) 각하결정

① 이유를 (적은)기재한 결정으로 각하한다.

② 신청정보 이외의 첨부정보는 모두 환부한다.

3. 등기신청의 취하

(1) 완료 전까지(식별부호를 기록하기 전) 또는 각하 전까지 할 수 있다.

(2) 서 면

방문신청	등기소에 출석하여 취하서를 제출하는 방법으로
전자신청	전산정보처리조직을 이용하여 취하정보를 전자문서로 등기소에 송신하는 방법으로 하여야 한다.

(3) 수개의 부동산에 관한 등기를 동일한 신청서로써 일괄신청한 경우에는 그 중 일부의 부동산에 대하여만 취하할 수도 있다(일부 취하의 허용).

(4) 공동으로 신청한 등기 → 반드시 공동취하

(5) 대리인이 취하하는 경우에는 그에 대한 특별수권이 있어야 한다.

(6) 신청정보, 첨부정보, 등기신청수수료는 환부(교부)한다.

제5절 등기의 실행

1. 등기관은 접수번호의 순서에 따라 등기사무를 처리하여야 한다.

2. 등기관은 등기사무를 전산정보처리조직을 이용하여 등기부에 등기사항을 기록하는 방식으로 처리하여야 한다.

3. 등기관이 등기사무를 처리한 때에는 등기사무를 처리한 등기관이 누구인지 알 수 있는 조치(＝식별부호를 기록)를 하여야 한다.

제6절 등기완료 후의 절차

1. 등기필정보의 작성·통지

① 권리를 보존, 설정, 이전하는 등기를 하는 경우

② 권리의 설정청구권 또는 이전청구권 보전을 위한 가등기를 하는 경우

③ 권리자를 추가하는 경정 또는 변경등기(甲 단독소유를 甲·乙공유로 경정하는 경우나 합유자가 추가되는 합유명의인표시변경등기 등)를 하는 경우로서 등기권리자가 신청한 경우

> **+참고** 등기필정보의 작성·통지 ×
>
> 1. 등기권리자가 등기필정보의 통지를 원하지 아니하는 경우
> 2. 국가 또는 지방자치단체가 등기권리자인 경우
> 3. 등기필정보를 전산정보처리조직으로 통지받아야 할 자가 수신이 가능한 때부터 3개월 이내에 전산정보처리조직을 이용하여 수신하지 않은 경우
> 4. 등기필정보통지서를 수령할 자가 등기를 마친 때부터 3개월 이내에 그 서면을 수령하지 않은 경우
> 5. 승소한 등기의무자가 등기신청을 한 경우
> 6. 채권자가 대위하여 신청을 한 경우
> 7. 관공서가 등기를 촉탁한 경우 ×. 다만, 관공서가 등기권리자를 위하여 촉탁하는 경우에는 작성한다.[등기예규 제1604호, 시행 2017. 1. 1.]
> 8. 등기관이 직권으로 소유권보존등기를 한 경우

2. 등기완료의 통지

(1) 신청인(등기의무자는 등기신청정보에 등기완료통지를 원한다는 등기의무자의 의사표시가 기재되어 있는 경우에만)

(2) 등기명의인(판결에 따른 승소한 등기의무자의 등기신청에 있어서 등기권리자, 직권소유권보존등기에서 등기명의인, 채권자대위신청에서 피대위자)

(3) 등기의무자의 등기필정보가 없어 본인확인 받아 한 등기신청에서 등기의무자

(4) 관공서가 촉탁하는 등기에서 관공서

3. 대장소관청에 소유권변경 사실의 통지

    ㉠ 소유권의 보존 또는 이전

    ㉡ 소유권의 변경 또는 경정

    ㉢ 소유권의 등기명의인표시의 변경 또는 경정

    ㉣ 소유권의 말소 또는 말소회복 소유권변경사실의 통지는 전산정보처리조직을 이용하여 할 수 있다.

4. 과세자료의 제공

    등기관이 소유권의 보존 또는 이전의 등기[가등기를 포함한다]를 하였을 때에는 지체 없이 그 사실을 부동산 소재지 관할 세무서장에게 통지하여야 한다.

제6절 등기관의 처분에 대한 이의신청

1 요 건

1. 등기관의 부당한 결정 또는 처분

분의 당부는 결정, 처분시(불복시 ×)를 기준으로 한다.

소극적 부당	적극적 부당
모두	법29조 1·2호를 위반하였을 때에만 ○ 법29조 3호 이하위반 : 이의신청 ×

2. 등기상 이해관계가 있는 자의 신청이 있을 것

소극적 부당	적극적 부당
등기신청인○, 제3자×	등기신청인○, 등기상 이해관계 있는 제3자 ○

3. 구체적 예시

① 채권자가 채무자를 대위하여 경료한 등기가 채무자의 신청에 의하여 말소된 경우에는 그 말소처분에 대하여 채권자는 등기상 이해관계인으로서 이의신청을 할 수 있다.

② 상속인이 아닌 자는 상속등기가 위법하다 하여 이의신청을 할 수 없다.

③ 저당권설정자는 저당권의 양수인과 양도인 사이의 저당권이전의 부기등기에 대하여 이의신청을 할 수 없다.

2 이의신청 절차

1. 이의신청

(1) **이의신청** : 관할지방법원에 이의신청서(또는 전자이의신청서) : 당해 등기소(관할 지방법원×)에 제출하는 방법으로 한다. → 구두 ×

(2) 새로운 사실이나 새로운 증거방법을 근거로 이의신청을 할 수는 없다.

(3) 이의신청의 기간에는 제한 없다. → 이의의 이익이 있는 한 언제라도 할 수 있다.

2. **이의신청에 대한 효력** : 집행정지의 효력이 없다.

3 이의신청에 대한 조치

1. 등기관의 조치

(1) 이유 있다고 인정 : 등기신청에 의한 등기를 실행·말소한다.

(2) 이유 없다고 인정 : 이의신청일부터 3일 이내에 의견을 붙여 관할지방법원에 송부한다.

2. 관할지방법원의 조치

(1) 결정전의 조치 : 관할 지방법원은 이의신청에 대하여 결정하기 전에 등기관에게 가등 기 또는 이의가 있다는 뜻의 부기등기를 명령할 수 있다.

(2) 결정 : 관할 지방법원은 이의에 대하여 이유를 붙여 결정을 하여야 한다. 이 경우 이의가 이유 있다고 인정하면 등기관에게 그에 해당하는 처분을 명령한다.

3. 관할 법원의 명령에 따른 등기

(1) 관할지방법원의 기록명령에 의한 등기

등기관의 처분에 대한 이의신청에 대하여 관할지방법원이 결정 전에 가등기 또는 부기등 기를 명하거나 이의신청을 인용하여 일정한 등기를 명한 경우 등기관은 그 명령에 따른 등기를 하여야 한다.

(2) 기록명령에 따른 등기를 할 수 없는 경우

① 권리이전등기의 기록명령이 있었으나, 그 기록명령에 따른 등기 전에 제3자 명의로 권 리이전등기가 되어 있는 경우
② 지상권, 지역권, 전세권 또는 임차권의 설정등기의 기록명령이 있었으나, 그 기록명령에 따른 등기 전에 동일한 부분에 지상권, 전세권 또는 임차권의 설정등기가 되어 있는 경우
③ 말소등기의 기록명령이 있었으나 그 기록명령에 따른 등기 전에 등기상 이해관계인이 발생한 경우
④ 등기관이 기록명령에 따른 등기를 하기 위하여 신청인에게 첨부정보를 다시 등기소에 제공할 것을 명령하였으나 신청인이 이에 응하지 아니한 경우
⑤ 관할지방법원의 등기기록명령이 있었으나 이의의 대상이 아닌 다른 각하사유가 있는 경우

Chapter 04

각종 권리의 등기절차

1 신청에 의한 보존등기

1. 단독신청

2. 신청인(부동산등기법 제65조)

(1) 토지·임야·건축물대장에 최초의 소유자로 등록되어 있는 자 또는 그 상속인, 그 밖의 포괄승계인

① 대장상 소유권이전등록을 받은 소유명의인 및 그 상속인은 직접 자기 명의로 ×. 그러나 미등기토지의 경우는 지적공부상 '국'으로부터 소유권이전등록을 받은 자는 가능하다(단, 건물은 불가능)

② 포괄승계인

　　㉠ 대장에 최초의 소유자로 등록되어 있는 회사가 합병되어 소멸한 경우, <u>존속하는 합병회사가 자기 앞으로</u> 소유권보존등기를 하여야 한다.

　　㉡ 대장에 최초의 소유자로 등록되어 있는 자 또는 그 상속인의 <u>포괄수증자도</u> 단독으로 소유권보존등기를 신청할 수 있다.

(2) 확정판결에 의하여 자기의 소유권을 증명하는 자

① 판결의 상대방 : 대장에 최초의 소유자로 등록되어 있는 자 또는 그 상속인

> * 대장상에 소유자란이 공란인 경우
> 　토지 : 국가를 상대로　　　건물 : 지방자치단체(시장·군수·구청장)를 상대로

② 내용 : 보존등기신청인에게 소유권이 있음을 증명하는 것이면 족하다.

③ 판결의 종류는 이행·확인·형성판결 불문한다.

> 1) 위 판결에 해당하는 경우
>   ① 무주부동산인 토지에 내하여 소유권확인판결
>   ② 소유권보존등기 말소를 명하는 이행판결
>   ③ 토지대장상 공유인 미등기토지에 대한 공유물분할의 판결
>
> 2) 위 판결에 해당하지 않는 경우
>   매수인이 매도인을 상대로 토지소유권이전등기를 구하는 소송에서 매도인이 매수인
>   에게 매매를 원인으로 한 소유권이전등기절차를 이행하고 당해 토지가 매도인의 소
>   유임을 확인한다는 화해조서

(3) 수용(收用)으로 인하여 소유권을 취득하였음을 증명하는 자

(4) 특별자치도지사, 시장, 군수 또는 구청장(자치구의 구청장을 말한다)의 확인에 의하여 자
기의 소유권을 증명하는 자(건물의 경우로 한정한다)

3. 신청정보와 첨부정보

(1) 신청정보 : 법 제65조 각 호의 어느 하나에 따라 등기를 신청한다는 뜻.(신청근거조항)
이 경우 등기원인과 그 연월일 제공할 필요가 없다.

(2) 첨부정보의 제공

① 등기원인을 증명하는 정보 : 토지대장·임야대장·건축물대장정보, 판결정본과 확정
증명서, 재결서등본과 보상 또는 공탁을 증명하는 정보, 특별자치도지사, 시장, 군수
또는 구청장이 작성한 소유권을 증명하는 정보

> ※ 보존등기신청서에 첨부하지 않아도 되는 것
>   ① 등기의무자 無 → 등기의무자의 권리에 관한 등기필증, 등기필정보
>   ② 인감증명서
>   ③ 소유권보존등기에 등기상 이해관계인이 있을 수 없으므로
>   → 등기원인에 관한 제3자의 허가, 동의, 승낙서

② 부동산표시를 증명하는 정보
토지의 표시를 증명하는 토지대장 정보나 임야대장 정보 또는 건물의 표시를 증명하는
건축물대장 정보나 그 밖의 정보.

2 직권에 의한 소유권보존등기

1. 등기관이 미등기부동산에 대하여 법원의 촉탁에 따라 소유권의 처분제한의 등기(가압류, 가처분, 강제경매개시결정등기) 또는 미등기 주택(상가건물)에 대한 임차권의 등기를 할 때에는 직권으로 소유권보존등기를 하고, 처분제한의 등기를 명하는 법원의 재판에 따라 소유권의 등기를 한다는 뜻을 기록하여야 한다.

2. 미등기 부동산에 가처분등기를 하기 위하여 등기관이 직권으로 소유권보존등기를 한 경우, 이후에 법원의 가처분등기말소촉탁이 있어서 가처분등기가 말소되더라도, 이미 실행된 소유권보존등기는 말소할 필요가 없다.

3. 등기관이 직권으로 건물에 대한 소유권보존등기를 하는 경우에는 그 건물이 「건축법」상 사용승인을 받아야 할 건물임에도 사용승인을 받지 아니하였다면 그 사실을 표제부에 기록하여야 한다. 이 경우 등기된 건물에 대하여 「건축법」상 사용승인이 이루어진 경우에는 그 건물 소유권의 등기명의인은 1개월 이내에 사용승인을 받지 아니하였다는 사실의 기록에 대한 말소등기를 신청하여야 한다.

제2절 소유권이전등기

1 소유권이전등기

1. 소유권 일부의 이전등기

(1) 단독소유를 공유로 하거나 또는 공유물의 지분을 이전하는 것을 말한다.
   즉, 부동산의 일부를 이전하는 것을 의미하는 것은 아니다.

(2) 등기관이 소유권의 일부에 관한 이전등기를 할 때에는 이전되는 지분을 기록하여야 한다. 이 경우 등기원인에 공유물불분할의 약정이 있을 때에는 그 약정에 관한 사항도 기록하여야 한다.

(3) 위의 공유물불분할의 약정의 변경등기는 공유자 전원이 <u>공동으로 신청</u>하여야 한다.

※ 공유등기
　(1) 공유자인 甲의 지분을 전부를 이전하는 경우
　　　등기의 목적은 '甲지분 전부이전'으로 기재한다.
　(2) 공유자인 甲의 지분 중 일부를 이전하는 경우
　　　등기의 목적은 '甲지분 ○분의 ○중 일부(○분의 ○)이전'으로 기재하되, 이전하는 지분은 <u>부동산 전체에 대한 지분</u>을 괄호안에 기재하여야 한다.

※ 구분소유적 공유
　각 구분소유자가 단독 명의로 등기하고자 할 때에는 먼저 분필등기를 한 후, 상호명의신탁해지를 원인으로 지분이전등기를 하여야 한다.

※ 합유등기
　(1) 등기부에 합유자의 지분을 기록하지 아니한다.
　(2) 합유자 중 일부가 나머지 합유자들 전원의 동의를 얻어 합유지분을 처분한 경우에는, 합유지분을 처분한 합유자와 합유지분을 취득한 합유자 및 잔존 합유자의 공동신청으로 <u>합유명의인변경등기</u>를 신청하여야 한다.
　(3) 수인의 합유자 명의로 등기되어 있는 부동산은 합유자 전원의 합의에 의하여 수인의 공유지분의 소유형태로의 <u>소유권변경등기</u>를 할 수 있다.

2. 유증으로 인한 소유권이전등기

(1) 유증의 효력

① 유증의 효력발생시기
유증자가 사망한 때에 효력이 발생한다. 다만, 정지조건부 유증은 정지조건이 성취된 때부터, 기한부 유증은 기한이 도래한 때부터 유증의 효력이 생긴다.

② 물권변동의 효력발생시기
특정적 유증은 수증자 명의로 등기해야 물권변동의 효력이 발생하나, 포괄적 유증은 유증자의 사망시에 등기 없이 물권변동의 효력이 발생한다.

(2) 신 청

① 포괄유증이나 특정유증을 불문하고 수증자를 등기권리자, 유언집행자 또는 상속인를 등기의무자로 하여 공동으로 신청한다.

② 신청정보의 내용
등기원인은 유증, 그 연월일은 유증자의 사망한 날 또는 조건성취된 날 또는 그 기한이 도래한 날

③ 첨부정보
　　㉠ 등기원인을 증명하는 정보 : 유언서
　　㉡ 유증으로 인한 소유권이전등기에서 유언집행자는 상속인의 법정대리인에 해당하므로, 유언집행자의 인감증명을 등기소에 제공하여야 한다.
　　㉢ 사망자가 소지하고 있던 등기의무자의 권리에 관한 등기필증

(3) 등 기

포괄유증이든 특정유증이든 모두 상속등기를 거치지 않고 바로 수증자명의로 소유권이전등기를 실행한다. 다만, 유증으로 인한 소유권이전등기를 하기 전에 상속인들 명의로 상속등기가 이미 경료되어 있는 경우에 유언집행자는 상속인들의 협력없이 유언집행자와 수증자가 공동으로(상속등기를 말소하지 아니하고), 유증으로 인한 소유권이전등기를 신청할 수 있다.

(4) 관련문제

① 유증으로 인한 소유권이전등기신청이 일부 상속인의 유류분을 침해하는 내용이라 하더라도 형식적 심사권밖에 없는 등기관은 이를 수리하여야 한다.
② 유증의 가등기
　유언자의 생존 중에는 할 수 없고, 유증자가 사망한 이후에도 포괄적 유증인 경우에는 유증자의 사망으로 수증자는 등기없이 이미 물권을 취득했으므로 가등기를 할 필요가 없고, 특정적 유증의 경우에만 가등기를 할 수 있다.
③ 미등기부동산이 특정유증된 경우, 유언집행자는 상속인 명의의 소유권보존등기를 거쳐 유증으로 인한 소유권이전등기를 신청하여야 한다.
④ 부동산 중 특정 일부만을 유증한 경우
　유언집행자는 특정부분을 분할 또는 구분등기 한 후에 수증자 명의로 소유권이전등기를 신청하여야 한다.

3. 토지수용에 의한 소유권이전등기

(1) 등기신청

① 수용으로 인한 소유권이전등기는 등기권리자가 단독으로 신청할 수 있다.
② 국가 또는 지방자치단체가 등기권리자인 경우에는 국가 또는 지방자치단체는 지체 없이 수용으로 인한 소유권이전등기 등을 등기소에 촉탁하여야 한다.
③ 사업시행자는 피수용자와 공동으로 신청할 수도 있다.

④ 등기권리자는 신청을 하는 경우에 등기명의인이나 상속인, 그 밖의 포괄승계인을 갈음
하여 부동산의 표시 또는 등기명의인의 표시의 변경, 경정 또는 상속, 그 밖의 포괄승
계로 인한 소유권이전의 등기를 신청할 수 있다.

(2) 신청정보

① 등기원인은 토지수용, 원인일자는 수용의 개시일(cf. 수용재결일 ✕)
② 토지수용위원회의 재결로써 존속이 인정된 권리가 있으면 이에 관한 사항

(3) 첨부정보

① 등기원인을 증명하는 정보 및 보상이나 공탁을 증명하는 정보
　협의 수용시 : 토지수용위원회의 협의성립확인서
　재결 수용시 : 토지수용위원회의 재결서등본
② 등기의무자의 등기필증이나 인감증명 ✕
③ 등기원인에 대한 제3자의 허가서
　원시취득이므로 농지취득자격증명, 토지거래허가서를 제공할 필요가 없다.

(4) 등기의 실행시

① 원칙 : 각종 권리에 관한 등기는 직권말소
② 예외 : 직권말소 ✕
　㉠ 소유권보존등기
　㉡ 수용의 날 이전에 경료된 소유권이전등기
　㉢ 수용의 날 이전의 상속을 원인으로 수용의 날 이후에 경료된 소유권이전등기
　㉣ 그 부동산을 위하여 존재하는 지역권의 등기
　㉤ 토지수용위원회의 재결로써 존속이 인정된 권리의 등기

(5) 공익사업을 위한 토지 등의 취득 및 보상에 관한 법률에 의한 공공용지의 협의취득

① 미등기 토지인 경우
　대장상 소유명의인과 협의가 성립된 경우에는 먼저 대장상 소유명의인 앞으로 소유권
　보존등기를 한 후 사업시행자 명의로 소유권이전등기를 공동으로 신청한다.
② 등기된 토지인 경우
　등기기록상 소유명의인과 협의가 성립된 경우에는 사업시행자 명의로 소유권이전등기
　를 공동으로 신청한다.

③ 사업시행자 명의로 소유권이전등기를 함에 있어서는 그 등기신청서에 등기원인을 증명하는 정보로 공공용지의 취득협의서를 첨부하여야 한다.

4. 진정명의회복을 원인으로 하는 소유권이전등기

(1) 등기신청

① 이미 자기 앞으로 소유권을 표상하는 등기가 되어 있었던 자 또는 지적공부상 소유자로 등록되어있던 자로서 소유권보존등기를 신청할 수 있는 자가 현재의 등기명의인과 공동으로 "진정명의회복"을 등기원인으로 하여 소유권이전등기신청을 할 수 있다.

② 이미 자기 앞으로 소유권을 표상하는 등기가 되어 있었거나 법률의 규정에 의하여 소유권을 취득한 자가 현재의 등기명의인을 상대로 "진정명의회복"을 등기원인으로 한 소유권이전등기절차의 이행을 명하는 판결을 받아 소유권이전등기신청을 할 수 있다.

(2) 신청정보 내용 : 등기원인은 진정명의회복, 등기원인일자는 제공 ×

(3) 첨부정보

	공동 신청시	단독 신청시
등기원인을 증명하는 정보	처음부터 존재 ×	확정판결정본 제출 ○ → 검인 ×
인감증명, 등기필정보	○	×
토지거래허가서, 농취증	×	
토지·건축물대장정보	○	

(4) 甲·乙 간에 진정명의회복소송에서 승소한 甲이 이 판결에 의해서 乙 등기의 말소등기를 신청할 수는 없다.

5. 상속을 원인으로 하는 소유권이전등기

	등기신청	등기원인, 그 연월일	등기의 실행
법정상속등기	단독신청	상속, 피상속인의 사망일	소유권이전등기 (공유자)
협의분할에 의한 상속등기	단독신청	협의분할에 의한 상속, 피상속인의 사망일	소유권이전등기 (단독소유)
법정상속이나 협의분할에 의한 상속등기 후에 하는 협의분할에 의한 상속등기	공동신청	협의분할에 의한 상속, 협의분할일	소유권경정

2 환매특약의 등기

1. 서 설

환매특약등기는 처분금지의 효력은 없다. 따라서 환매특약등기가 경료된 부동산에 대해서도 양도, 제한물권설정등기 등을 할 수 있다.

2. 환매특약의 등기

등기관이 환매특약의 등기를 할 때에는 다음 각 호의 사항을 기록하여야 한다. 다만, 제3호는 등기원인에 그 사항이 정하여져 있는 경우에만 기록한다.

1호. 매수인이 지급한 대금
2호. 매매비용
3호. 환매기간

---

3. 등기절차

(1) 동시, 별건 신청

환매특약등기신청은 매매로 인한 소유권이전등기신청과 반드시 동시에 하여야 하고, 신청서는 소유권이전등기신청서와는 별개의 독립한 신청정보를 제공하여야 한다.

(2) 신청인

매도인이 등기권리자, 매수인이 등기의무자가 되어 공동으로 신청한다.

(3) 신청정보의 내용

① 필요적 신청정보 : 매매대금, 매매비용
② 임의적 신청정보 : 환매기간은 등기원인에 그 사항이 정하여져 있는 경우

(4) 첨부서면

① 등기원인을 증명하는 정보 △
② 등기의무자의 권리에 관한 등기필증 : 아직 존재하지 않으므로→ 등기필증은 제공하지 않는다.
③ 인감증명 : 등기의무자인 매수인은 소유권자가 아니므로 → 매수인의 인감증명의 제공 하지 않는다.

(5) 실 행

환매특약등기는 소유권이전등기에 부기등기로 하고, 소유권이전등기와 환매특약등기는 동시에 신청하므로 양 등기의 접수연월일과 접수번호는 동일하여야 한다.

* 소유권이전등기와 환매등기의 원인일자도 동일하다.

4. 환매권의 이전등기

환매권자를 등기의무자로 하고, 이를 매수한 자(환매권의 양수인)를 등기권리자로 하여 공동신청하며, 그 이전등기는 부기등기의 부기등기로 한다.

5. 환매권의 행사로 인한 소유권이전등기

내도인이 매매대금 및 매매비용을 반환하고 환매의 의사표시를 한 경우에는 환매권자(매도인)와 매수인(현재의 등기부상 소유명의인)은 공동으로 신청하여야 한다.

6. 환매권말소의 등기

(1) 환매권의 행사로 환매를 등기원인으로 하는 소유권이전등기를 하고, 환매특약의 등기는 등기관이 직권으로 말소한다.

(2) 환매권의 행사 외의 사유로 환매권이 소멸하는 경우에는 공동신청하여 말소한다.

▇3▇ 신탁의 등기

1. 서 설

(1) 신탁재산

신탁재산은 금전적으로 환가할 수 있는 사법상의 권리(예 소유권, 소유권 이외의 물권, 채권, 무체재산권 등)이어야 한다.

① 소유권은 대내적으로, 대외적으로도 수탁자에게 이전된다.

② 신탁재산은 신탁의 목적에 구속된다. → 신탁원부에 기록된 신탁의 목적에 위반하는 등기신청이 있으면 등기관은 법 제29조 제2호로 각하하여야 한다.

③ 수탁자가 수인인 경우에 그 신탁재산은 법률상 당연히 합유로 된다.

(2) 대항력취득

신탁행위를 원인으로 하여 재산권의 이전 또는 기타 처분에 관한 통상의 등기를 하였다 하더라도, 신탁등기를 하지 않는 한 그 재산이 신탁재산임을 제3자에게 주장할 수 없다.

2. 신탁등기의 유형

① 신탁행위에 의한 신탁등기, ② 신탁재산의 처분에 의한 신탁등기, ③ 신탁재산의 복구에 의한 신탁등기

3. 신탁등기의 신청방법

① 신탁등기의 신청은 해당 부동산에 관한 권리의 설정등기, 보존등기, 이전등기 또는 변경등기의 신청과 동시에 하여야 한다. 신탁등기의 신청은 해당 신탁으로 인한 권리의 이전 또는 보존이나 설정등기의 신청과 함께 1건의 신청정보로 일괄하여 하여야 한다.

② 신탁재산에 속하는 부동산의 신탁등기는 수탁자가 단독으로 신청한다.

③ 수익자나 위탁자는 수탁자를 대위하여 신탁등기를 신청할 수 있다. 이 경우에는 동시신청을 적용하지 아니한다.

④ 첨부정보

㉠ 신탁원부 작성을 위한 정보로서 제공하여야 한다. 여러 개의 부동산에 관하여 신탁등기를 신청하는 경우에는 각 부동산별로 신탁원부 작성을 위한 정보를 제공하여야 한다. 소유권이전청구권가등기와 신탁가등기는 동시에 신청헐 수 있다. 신탁가등기를 신청할 때에도 신탁원부 작성을 위한 정보를 첨부정보로 반드시 제공해야 한다.

㉡ 농지에 대하여 「신탁법」상 신탁을 등기원인으로 하여 소유권이전등기를 신청하는 경우, 신탁의 목적에 관계없이 농지취득자격증명을 첨부하여야 한다. 그러나 신탁등기는 대가가 수반되는 계약에 의한 등기로 볼 수 없기 때문에 토지거래허가서 정보는 제공할 필요가 없다.

4. 등기의 실행

① 등기관이 신탁등기를 할 때에는 신탁원부를 작성하고, 등기기록에는 일반적 등기사항 외에 그 신탁원부의 번호를 기록하여야 한다.

② 신탁원부는 등기부의 일부로 보고, 그 기록은 등기로 본다.

③ 수탁자가 여러 명인 경우 등기관은 신탁재산이 합유인 뜻을 기록하여야 한다.

④ 등기의 방법 : 등기관이 권리의 이전 또는 보존이나 설정등기와 함께 신탁등기를 할 때에는 하나의 순위번호를 사용하고, 횡선으로써 양 등기를 구분한다.

5. 신탁등기의 말소등기

① **신탁재산을 처분한 경우**
신탁재산에 속한 권리가 이전, 변경 또는 소멸됨에 따라 신탁재산에 속하지 아니 하게 된 경우 신탁등기의 말소신청은 신탁된 권리의 이전등기, 변경등기 또는 말소등기의 신청과 동시에 하여야 한다.

② **신탁이 종료된 경우(귀속)**
신탁종료로 인하여 신탁재산에 속한 권리가 이전 또는 소멸된 경우에는 신탁등기의 말소신청은 신탁된 권리의 이전등기, 변경등기 또는 말소등기의 신청과 동시에 하여야 한다.

③ **신탁재산을 수탁자의 고유재산으로 전환하는 경우**
신탁재산이 수탁자의 고유재산이 되었을 때에는 그 뜻의 등기를 주등기로 하여야 한다.

④ 신탁등기의 말소등기신청은 권리의 이전 또는 말소등기나 수탁자의 고유재산으로 된 뜻의 등기신청과 함께 1건의 신청정보로 일괄하여 하여야 한다.

⑤ 신탁등기의 말소등기는 수탁자가 단독으로 신청할 수 있다.

⑥ 신탁등기의 말소등기의 신청에 관하여는 수익자나 위탁자는 수탁자를 대위하여 신청할 수 있다. 이 경우에는 동시에 신청하지 않는다.

6. 신탁원부 기록의 변경등기

(1) 촉탁에 의한 신탁원부 기록의 변경등기

① 법원은 다음 각 호의 어느 하나에 해당하는 재판을 한 경우 지체 없이 신탁원부 기록의 변경등기를 등기소에 촉탁하여야 한다.
　㉠ 수탁자 해임의 재판
　㉡ 신탁관리인의 선임 또는 해임의 재판
　㉢ 신탁 변경의 재판

② 법무부장관은 다음 각 호의 어느 하나에 해당하는 경우 지체 없이 신탁원부 기록의 변경등기를 등기소에 촉탁하여야 한다.
　㉠ 수탁자를 직권으로 해임한 경우
　㉡ 신탁관리인을 직권으로 선임하거나 해임한 경우
　㉢ 신탁내용의 변경을 명한 경우

(2) 직권에 의한 신탁원부 기록의 변경등기

등기관이 신탁재산에 속하는 부동산에 관한 권리에 대하여 다음 각 호의 어느 하나에 해당하는 등기를 할 경우 직권으로 그 부동산에 관한 신탁원부 기록의 변경등기를 하여야 한다.

㉠ 수탁자의 변경으로 인한 이전등기

㉡ 여러 명의 수탁자 중 1인의 임무 종료로 인한 변경등기

㉢ 수탁자인 등기명의인의 성명 및 주소에 관한 변경등기 또는 경정등기

(3) 신청에 의한 신탁원부 기록의 변경등기

수탁자는 (1) 및 (2)에 해당하는 경우를 제외하고 신탁원부 기록사항이 변경되었을 때에는 지체 없이 신탁원부 기록의 변경등기를 신청하여야 한다.

제3절 소유권 이외의 권리에 관한 등기

1 지상권의 등기

1. 지상권의 객체

(1) 토지가 농지라도 건물 기타 공작물이나 수목을 소유하기 위해서 지상권을 설정할 수 있다.

(2) 토지 위에 등기된 건물이 있다 하더라도, 당해 토지의 등기기록상 지상권과 양립할 수 없는 용익물권이 존재하지 않는다면, 그 토지에 대하여 지상권설정등기를 신청할 수 있다.

2. 등기사항

등기관이 지상권설정의 등기를 할 때에는 다음 각 호의 사항을 기록하여야 한다. 다만, 제3호부터 제5호까지는 등기원인에 그 약정이 있는 경우에만 기록한다.

> 1호. 지상권설정의 목적
> 2호. 범위
> 3호. 존속기간
> 4호. 지료와 지급시기
> 5호. 구분지상권설정행위로써 지상권의 행사를 위하여 토지의 사용을 제한의 약정
> 6호. 지상권설정의 범위가 토지의 일부인 경우에는 그 부분을 표시한 도면의 번호

2 지역권의 등기

1. 객 체

1개의 토지를 요역지로 하고 소유자를 달리하는 여러 개의 토지를 승역지로 할 경우의 지역권설정등기는 각 소유자별(승역지별)로 신청한다.

2. 신 청

요역지 소유자가 등기권리자, 승역지 소유자가 등기의무자가 되어 공동신청하는 것이 원칙이지만, 승역지의 지상권자도 등기의무자가 될 수 있고, 요역지의 소유자, 지상권자, 전세권자, 임차권자도 등기권리자가 될 수 있다.

3. 등기사항

(1) 등기관이 <u>승역지의 등기기록</u>에 지역권설정의 등기를 할 때에는 다음 각 호의 사항을 기록하여야 한다. 다만, 제4호는 등기원인에 그 약정이 있는 경우에만 기록한다.

> 1호. 지역권설정의 목적
> 2호. 범위
> 3호. 요역지
> 4호. 「민법」 제292조 제1항 단서, 제297조 제1항 단서 또는 제298조의 약정
> 5호. 승역지의 일부에 지역권설정의 등기를 할 때에는 그 부분을 표시한 도면의 번호

(2) 요역지지역권의 등기사항

등기관이 승역지에 지역권설정의 등기를 하였을 때에는 <u>직권으로 요역지의 등기기록</u>에 다음 각 호의 사항을 기록하여야 한다.

> 1호. 순위번호
> 2호. 등기목적
> 3호. 승역지
> 4호. 지역권설정의 목적
> 5호. 범위
> 6호. 등기연월일

3 전세권의 등기

1. 객 체

① 농경지나 공유지분에 대해서는 전세권을 설정할 수 없다.

② 집합건물의 전유부분에 대하여는 전세권등기를 할 수 있으나 전유부분의 대지권만에 관하여는 전세권을 설정할 수 없고 특정의 전유부분과 대지권을 함께 전세권의 목적으로 하는 전세권 등기도 할 수 없다.

2. 등기사항

등기관이 전세권설정이나 전전세의 등기를 할 때에는 다음 각 호의 사항을 기록하여야 한다. 다만, 제3호부터 제5호까지는 등기원인에 그 약정이 있는 경우에만 기록한다.

> 1호. 전세금 또는 전전세금
> 2호. 범위
> 3호. 존속기간
> 4호. 위약금 또는 배상금
> 5호. 전세권양도 또는 담보제공, 전전세, 임대 금지의 약정
> 6호. 전세권설정이나 전전세의 범위가 부동산의 일부인 경우에는 그 부분을 표시한 도면의 번호

3. 전세금반환채권의 일부양도를 원인으로 한 전세권의 일부이전등기

(1) 전세권의 존속기간 중에는 전세금은 전세권과 분리하여 존재할 수 없으므로 전세금반환채권의 일부양도를 원인으로 한 전세권의 일부이전등기는 허용될 수 없다. 다만, 존속기간 만료 전이라도 해당 전세권이 소멸하였음을 증명하는 정보를 첨부정보로 하여 전세금반환채권의 일부양도를 원인으로 한 전세권의 일부이전등기 신청할 수 있다.

(2) 전세권의 존속기간의 만료 후에는 전세권일부이전등기를 할 수 있다.

(3) 등기실행

① 등기관이 전세금반환채권의 일부 양도를 원인으로 한 전세권 일부이전등기를 할 때에는 양도액을 기록한다.

② 전세금반환채권의 일부 양도를 원인으로 한 전세권 일부이전등기는 부기등기로 실행한다.

4 임차권의 등기

등기관이 임차권 설정 또는 임차물 전대(轉貸)의 등기를 할 때에는 제48조에서 규정한 사항 외에 다음 각 호의 사항을 기록하여야 한다. 다만, 제3호부터 제6호까지는 등기원인에 그 사항이 있는 경우에만 기록한다.

> 1호. 차임(借賃)
> 2호. 범위
> 3호. 차임지급시기
> 4호. 존속기간. 다만, 처분능력 또는 처분권한 없는 임대인에 의한 「민법」 제619조의 단기 임대차인 경우에는 그 뜻도 기록한다.
> 5호. 임차보증금
> 6호. 임차권의 양도 또는 임차물의 전대에 대한 임대인의 동의
> 7호. 임차권설정 또는 임차물전대의 범위가 부동산의 일부인 때에는 그 부분을 표시한 도면의 번호

5 저당권의 등기

1. 저당권설정등기

(1) 등기관이 저당권설정의 등기를 할 때에는 다음 각 호의 사항을 기록하여야 한다. 다만, 제3호부터 제8호까지는 등기원인에 그 약정이 있는 경우에만 기록한다.

> 1호. 채권액
> 2호. 채무자의 성명 또는 명칭과 주소 또는 사무소 소재지
> 3호. 변제기
> 4호. 이자 및 그 발생기·지급시기
> 5호. 원본 또는 이자의 지급장소
> 6호. 채무불이행으로 인한 손해배상에 관한 약정
> 7호. 저당권의 효력이 부합된 물건과 종물에 미치지 않기로 하는 약정
> 8호. 채권의 조건

(2) 등기관이 일정한 금액을 목적으로 하지 아니하는 채권을 담보하기 위한 저당권설정의 등기를 할 때에는 그 채권의 평가액을 기록하여야 한다.

(3) 저당권설정의 등기를 신청하는 경우에 그 권리의 목적이 소유권 외의 권리일 때에는 그 권리의 표시에 관한 사항을 신청정보의 내용으로 등기소에 제공하여야 한다.

2. 저당권이전등기

(1) 저당권이 채권과 같이 이전한다는 뜻을 신청정보의 내용으로 등기소에 제공하여야 한다.

(2) 등기관이 채권의 일부에 대한 양도 또는 대위변제(代位辨濟)로 인한 저당권 일부이전등기를 할 때에는 제48조에서 규정한 사항 외에 <u>양도액 또는 변제액</u>을 기록하여야 한다.

3. 공동저당권등기

① 여러 개의 부동산에 관한 권리를 목적으로 하는 저당권설정의 등기를 신청하는 경우에는 각 부동산에 관한 권리의 표시를 신청정보의 내용으로 등기소에 제공하여야 한다.

② 등기관은 부동산이 5개 이상일 때에는 공동담보목록을 작성하여야 한다.

③ 공동담보목록은 등기기록의 일부로 본다.

4. 공동저당의 대위등기

등기관이 「민법」 제368조 제2항 후단의 대위등기를 할 때에는 제48조에서 규정한 사항 외에 다음 각 호의 사항을 기록하여야 한다.

㉠ 매각 부동산(소유권 외의 권리가 저당권의 목적일 때에는 그 권리를 말한다)

㉡ 매각대금

㉢ 선순위 저당권자가 변제받은 금액

㉣ 채권액

㉤ 채무자의 성명 또는 명칭과 주소 또는 사무소 소재지

5. 근저당권설정등기

등기관은 근저당권인 경우에는 다음 각 호의 사항을 기록하여야 한다.
다만, 제3호 및 제4호는 등기원인에 그 약정이 있는 경우에만 기록한다.

> 1호. 채권의 최고액
> 2호. 채무자의 성명 또는 명칭과 주소 또는 사무소 소재지
> 3호. 근저당권의 효력이 부합된 물건과 종물에 미치지 않기로 하는 약정
> 4호. 존속기간

① 채권최고액은 채권자, 채무자가 수인인 경우에도 단일하게 기재 ○

    cf. 구분(즉, 각 채권자별로) 기재 ×

② 채무자가 연대채무자라 하더라도 단순히 채무자로 기재

6. 근저당권이전등기

(1) 피담보채권이 확정되기 전의 근저당권이전등기

"계약 양도", "계약의 일부 양도" 또는 "계약가입"을 등기원인으로 하여 근저당권이전등기를 신청할 수 있다.

  cf. 피담보채권이 양도 또는 대위변제된 경우에는 이를 원인으로 하여 근저당권이전등기를 신청할 수는 없다.

(2) 피담보채권이 확정된 후의 근저당권이전등기

"확정채권 양도" 또는 "확정채권 대위변제"를 등기원인으로 하여 근저당권이전등기를 신청할 수 있다.

▌6▐ 저당권부채권질권등기

(1) 등기관이 저당권부채권에 대한 질권의 등기를 할 때에는 다음 각 호의 사항을 기록하여야 한다.

> 1호. 채권액 또는 채권최고액
> 2호. 채무자의 성명 또는 명칭과 주소 또는 사무소 소재지
> 3호. 변제기와 이자의 약정이 있는 경우에는 그 내용

(2) 저당권부채권에 대한 질권등기

저당권으로 담보한 채권을 질권의 목적으로 한 때에는 그 저당권등기에 질권의 부기등기를 하여야 그 효력이 저당권에 미친다.

Chapter 05

각종 등기의 특별절차

변경등기

1. 의 의

등기사항의 일부가 후발적으로 실체관계와 불일치가 생긴 경우에 그 불일치를 바로잡는
등기

	공동/단독	주/부기
부동산표시의 변경등기	단독신청	주등기
권리의 변경등기	공동신청	원칙 : 부기등기 예외 : 등기상 제3자의 승낙서나 이에 대 항할 수 있는 재판등본첨부하지 × → 주등기
등기명의인표시변경등기	단독신청	항상 부기등기

2. 부동산의 표시변경등기

(1) 행정구역 또는 그 명칭이 변경되었을 때에는 등기기록에 기록된 행정구역 또는 그 명칭에
대하여 변경등기가 있는 것으로 본다.

(2) 행정구역 또는 그 명칭이 변경된 경우에 등기관은 직권으로 부동산의 표시변경등기 또는
등기명의인의 주소변경등기를 할 수 있다.

3. 부동산의 변경등기

(1) 토지합필이 제한되는 경우

ㄱ 지번부여지역이 상이, 소유자, 지목의 상이, 도면의 축척, 등기여부가 상이하거나, 지
반이 연속되지 않은 토지는 그 합필이 제한된다.

ㄴ 합필되는 양 토지 간에 공유자의지분이 다른 경우에도 합필하지 못한다.

(2) 토지합필이 가능한 경우

① 합필(合筆)하려는 토지에 다음 각 호의 등기 외의 권리에 관한 등기가 있는 경우에는 합필의 등기를 할 수 없다.

ㄱ 소유권·지상권·전세권·임차권 및 승역지(承役地 : 편익제공지)에 하는 지역권의 등기

ㄴ 합필하려는 모든 토지에 있는 등기원인 및 그 연월일과 접수번호가 동일한 저당권에 관한 등기

ㄷ 합필하려는 모든 토지에 있는 제81조 제1항 각 호의 등기사항이 동일한 신탁등기

② 「공간정보의 구축 및 관리 등에 관한 법률」에 따른 토지합병절차를 마친 후 합필등기를 하기 전에 합병된 토지 중 어느 토지에 관하여 소유권이전등기가 된 경우라 하더라도 이해관계인의 승낙이 있으면 해당 토지의 소유권의 등기명의인들은 합필 후의 토지를 공유로 하는 합필등기를 신청할 수 있다.

③ 「공간정보의 구축 및 관리 등에 관한 법률」에 따른 토지합병절차를 마친 후 합필등기를 하기 전에 합병된 토지 중 어느 토지에 관하여 합필등기의 제한 사유에 해당하는 권리에 관한 등기(예 저당권등기)가 된 경우라 하더라도 이해관계인의 승낙이 있으면 해당 토지의 소유권의 등기명의인은 그 권리의 목적물을 합필 후의 토지에 관한 지분으로 하는 합필등기를 신청할 수 있다. 다만, 요역지(요역지 : 편익필요지)에 하는 지역권의 등기가 있는 경우에는 합필 후의 토지 전체를 위한 지역권으로 하는 합필등기를 신청하여야 한다.

4. 등기명의인표시변경등기

(1) 등기명의인이 단독으로 신청한다.

(2) 직권등기명의인표시변경등기

등기관이 소유권이전등기를 할 때에 등기명의인의 주소변경으로 신청정보 상의 등기의무자의 표시가 등기기록과 일치하지 아니하는 경우라도 첨부정보로서 제공된 주소를 증명하는 정보에 등기의무자의 등기기록 상의 주소가 신청정보 상의 주소로 변경된 사실이 명백히 나타나면 직권으로 등기명의인표시의 변경등기를 하여야 한다.

제2절 경정등기

1. 의 의

등기사항의 일부가 원시적으로 등기절차에 착오 또는 빠진 것이 있어서 실체관계와 불일치한 경우 이를 바로잡는 등기

2. 등기관이 등기를 마친 후 그 등기에 착오나 빠진 부분이 있음을 발견하였을 때에는 지체없이 그 사실을 등기권리자와 등기의무자에게 알려야 하고, 등기권리자와 등기의무자가 없는 경우에는 등기명의인에게 알려야 한다. 등기권리자, 등기의무자 또는 등기명의인이 각 2인 이상인 경우에는 그 중 1인에게 통지하면 된다.

3. 요 건

(1) '등기에 관하여'착오 또는 빠진 것이 있어야 한다.

    ① 부동산의 표시, 등기명의인표시, 권리관계 → 표시번호나 순위번호 ×

    ② 현재 효력이 있는 등기사항만 → 등기기록상 권리를 이전하여 현재 등기명의인이 아닌 종전 등기명의인 또는 이미 사망한 등기명의인에 대한 등기명의인표시경정등기신청은 수리할 수 없다.

(2) 등기사항의 '일부'에 대한 착오 또는 유루여야 한다.

(3) 등기와 실체관계의 불일치는 '당초의 등기절차'에 생긴 것이어야 한다.

(4) 경정 전후의 '동일성'이 유지되어야 한다.

    ① **부동산표시의 경정등기**
    동일성 혹은 유사성을 인정할 수 없는 정도라 하더라도, 같은 부동산에 관하여 따로 소유권보존등기가 존재하지 아니하거나 등기의 형식상 예측할 수 없는 손해를 입을 우려가 있는 이해관계인이 없는 경우, 등기관은 그 경정등기신청을 수리할 수 있다.

    ② **권리에 관한 경정등기**
    권리자체를 경정(소유권이전등기를 저당권설정등기로, 저당권설정등기를 전세권설정등기로)하거나 권리자 전체를 경정(甲에서 乙로, 甲과 乙의 공동소유에서 丙과 丁의 공동소유로)하는 등기신청은 수리할 수 없다.

③ 등기명의인의 표시경정등기

법인 아닌 사단을 법인으로 경정하는 등기를 신청하는 등 동일성을 해하는 등기명의인 표시경정등기신청은 수리할 수 없다.

4. 직권경정등기

(1) 요 건

① 등기의 착오나 빠진 부분이 등기관의 잘못으로 인한 것

② 등기상 이해관계 있는 제3자가 있는 경우에는 제3자의 승낙이 있어야 한다.

등기상 이해관계 있는 제3자의 승낙이 없으면 직권으로 경정할 수 없다.

③ 등기관의 과오로 인하여 착오, 유루가 발생한 경우에도 당사자가 경정신청을 할 수 있다.

(2) 통 지

등기관이 직권으로 경정등기를 하였을 때에는 그 사실을 등기권리자, 등기의무자 또는 등기명의인에게 알려야 한다. 등기권리자, 등기의무자 또는 등기명의인이 각 2인 이상인 경우에는 그 중 1인에게 통지하면 된다. 채권자대위권에 의하여 등기가 마쳐진 때에는 통지를 그 채권자에게도 하여야 한다. 다만, 채권자가 각 2인 이상인 경우에는 그 중 1인에게 통지하면 된다.

5. 등기의 원인을 '증여'에서 '매매'로 경정하는 등기

등기원인을 경정하는 등기는 단독 신청에 의한 등기의 경우에는 단독 신청으로, 공동 신청에 의한 등기의 경우에는 공동으로 신청하여야 한다.(대판 2013. 6. 27 선고 2012다118549)

제3절 말소등기

1. 의 의

등기사항의 전부가 원시적 또는 후발적 사유로 부적법하게 되어 실체관계와 부합하지 아니하여 기존등기의 전부를 소멸시킬 목적으로 행하여지는 등기를 말한다.

2. 요 건

(1) 기존 등기의 전부가 부적법할 것

① 등기사항의 일부만이 부적법한 때에는 변경등기, 경정등기의 대상이 된다.

② 부적법의 사유는 원시적으로 부적법하게 된 경우(등기원인의 무효)뿐만 아니라 후발적으로 부적법(채무변제에 의한 저당권의 소멸)하게 된 경우도 포함된다.

(2) '현재 효력 있는' 등기일 것

① 甲, 乙, 丙으로 소유권이 전전 이전된 경우에 甲에서 乙로의 소유권이전등기가 원인무효라 하여도 乙의 소유권이전등기만의 말소는 할 수 없다.

② 부기등기만의 말소등기는 원칙적으로 허용되지 않지만, 예외적으로 부기등기로 경료된 저당권이전등기 자체에만 말소원인이 있다면 가능하다.

③ 등기명의인표시변경등기의 말소등기는 원칙적으로 허용되지 않는다.

④ 말소등기의 말소등기는 허용되지 않고, 말소회복등기에 의한다.

(3) 이해관계 있는 제3자의 승낙한 것을 증명하는 정보 또는 이에 대항할 수 있는 재판이 있음을 증명하는 정보를 제공할 것

> ※ 등기상 이해관계 있는 제3자
> 말소등기로 인하여 등기기록의 기록형식상 손해 볼 우려가 있는 자
> 1. 해당하는 경우
>   ① 전세권말소등기에 있어서 전세권목적의 근저당권자
>   ② 소유권보존등기의 말소등기시 그 부동산을 목적으로 하는 저당권자, 전세권자, 가등기권자, 가압류권자
> 2. 해당하지 않는 경우 : 1번 저당권말소의 경우에 2번 저당권자

3. 등기절차

(1) 공동신청의 원칙

(2) 단독신청이 인정되는 경우

① 판결에 의한 말소등기

② 등기명의인인 사람의 사망 또는 법인의 해산으로 권리가 소멸한다는 약정이 등기되어 있는 경우에 사람의 사망 또는 법인의 해산으로 그 권리가 소멸하였을 때에는, 등기권리자는 그 사실을 증명하여 단독으로 해당 등기의 말소등기를 신청할 수 있다.

③ 가등기말소등기

    ㉠ 가등기명의인은 단독으로 가등기의 말소를 신청할 수 있다.

    ㉡ <u>가등기의무자</u> 또는 가등기에 관하여 등기상 이해관계 있는 자는 가등기명의인의 승낙을 받아 단독으로 가등기의 말소를 신청할 수 있다.

④ 등기권리자가 등기의무자의 소재불명으로 인하여 공동으로 등기의 말소를 신청할 수 없을 때에는 「민사소송법」에 따라 공시최고(公示催告)를 신청할 수 있다. 이 경우에 제권판결이 있으면 등기권리자가 그 사실을 증명하여 단독으로 등기의 말소를 신청할 수 있다.

⑤ 가처분등기 이후의 등기의 말소등기

⑥ 혼동에 의한 말소등기

⑦ 소유권보존등기의 말소등기

(3) 직권말소

① 제29조 제1호 또는 제2호에 해당하는 등기의 말소등기

② 가등기에 의하여 보전되는 권리를 침해하는 가등기 이후의 등기의 말소등기

③ 수용에 의한 소유권이전등기를 함에 있어서 각 종 권리의 등기의 말소등기

④ 환매권 행사로 인한 소유권이전등기시의 환매특약등기의 말소등기

⑤ 권리소멸약정등기의 말소등기

⑥ 등기의 말소를 신청하는 경우에 말소에 대하여 등기상 이해관계 있는 제3자의 승낙이 있는 경우, 등기상 이해관계 있는 제3자 명의의 등기의 말소등기

⑦ 등기관이 가처분채권자의 승소판결에 따라 가처분등기 이후의 등기를 말소할 때에는 당해 가처분등기의 말소등기

제4절 말소회복등기

1. 의 의

등기사항의 전부 또는 일부가 부적법하게 말소되어 이를 말소되기 이전의 등기로서의 효력을 회복하게 하는 등기

2. 요 건

(1) 등기의 전부 또는 일부가 부적법하게 말소되었을 것

※ 당사자가 자발적으로 말소등기를 신청한 때에는 말소회복등기를 신청할 ×

(2) 말소된 등기를 회복하려는 것일 것

표시번호 등이 부적법하게 말소된 경우에는 회복등기의 문제가 아니다.

(3) 말소된 등기의 회복을 신청하는 경우에 등기상 이해관계 있는 제3자가 있을 때에는 그 제3자의 승낙이 있어야 한다.

<등기상 이해관계 있는 제3자>
회복등기시를 기준으로 하여 판단할 때 말소회복등기가 경료되면 등기기록상 손해를 입을 염려가 있다고 인정되는 자로서 회복등기와 양립할 수 있는 자

〇	• 1번 저당권등기의 회복시 1번 저당권의 말소 후에 등기한 3번저당권자 • 1번 저당권등기의 회복시 1번 저당권의 말소 전에 등기한 2번저당권자 • 2번 저당권등기의 회복에 있어서 3번 지상권자
×	• 2번 저당권등기의 회복에 있어서 1번 저당권자 • 1번 지상권등기의 회복에 있어서 그 지상권을 목적으로 하였던 3번 저당권자 • 2번 소유권등기의 회복에 있어서 그 소유권말소후에 등기한 현재 3번소유권자

3. 등기의 신청

(1) 말소된 등기가 공동으로 신청된 것인 때→ 공동 신청한다.

(2) 불법 말소된 상속등기의 회복은 → 상속인 단독으로 신청하고, 가압류·가처분·경매신청등기가 불법 말소된 경우 → 촉탁관서의 촉탁

(3) 등기관의 직권으로 말소등기가 이루어진 경우 → 등기관의 직권

4. 등기의 실행

(1) 등기사항의 전부에 대한 말소회복등기: 주등기

(2) 등기사항 일부에 대한 말소회복등기: 부기등기

5. 말소회복등기의 효력

말소회복등기는 종전과 동일한 효력과 순위를 유지한다.

제5절 멸실등기

1. 의 의

① 부동산이 전부 물리적으로 멸실한 경우에 하는 등기(일부 : 부동산의 변경등기)
② 존재하지 아니하는 건물에 대한 등기가 있는 경우

2. 신청 : 단독신청

(1) 토지의 멸실등기

토지가 멸실된 경우에는 그 토지 소유권의 등기명의인은 그 사실이 있는 때부터 1개월 이내에 그 등기를 신청하여야 한다.

(2) 건물의 멸실등기

① 건물이 멸실된 경우에는 그 건물 소유권의 등기명의인은 그 사실이 있는 때부터 1개월 이내에 그 등기를 신청하여야 한다.
② 건물이 멸실된 경우에는 그 소유권의 등기명의인이 1개월 이내에 멸실등기를 신청하지 아니하면 그 건물대지의 소유자가 건물 소유권의 등기명의인을 대위하여 그 등기를 신청할 수 있다.
③ 존재하지 아니하는 건물에 대한 등기가 있을 때에는 그 소유권의 등기명의인은 지체 없이 그 건물의 멸실등기를 신청하여야 한다. 그 건물 소유권의 등기명의인이 멸실등기를 신청하지 아니하는 경우에는 그 건물대지의 소유자가 건물 소유권의 등기명의인을 대위하여 그 등기를 신청할 수 있다.

(3) 등기상 이해관계인

부동산의 멸실등기는 사실의 등기이므로 그 멸실등기의 신청이 있으면 등기관은 등기상 이해관계 있는 자의 승낙이 있음을 증명하는 정보 또는 이에 대항할 수 있는 재판이 있음을 증명하는 정보를 첨부정보로서 등기소에 제공할 필요가 없다.

제6절 가등기와 가처분등기

1 가등기

1. 가등기할 수 있는 경우

불허용	허용
① 소유권보존등기의 가등기	① 채권적 청구권을 위한 가등기
② 부동산의 표시변경등기, 등기명의인의 표시변경등기	② 이중의 가등기
③ 처분제한의 가등기	③ 가등기의 이전가등기
④ 물권적 청구권을 위한 가등기	④ 시기부청구권 · 정지조건부청구권
⑤ 종기부 · 해제조건부청구권	⑤ 장래에 있어서 확정될 청구권
⑥ 환매특약의 가등기	⑥ 사인증여의 가등기
⑦ 유증자 생존 중에 유증의 가등기	⑦ 유증자 사망 후에 특정적 유증의 가등기
⑧ 합유지분에 대한 가등기	

2. 가등기의 신청

(1) 공동신청의 원칙

(2) 단독신청의 특칙

가등기권리자는 가등기의무자의 승낙이 있거나 가등기를 명하는 법원의 가처분명령이 있을 때에는 단독으로 가등기를 신청할 수 있다.

(3) 신 청

① 신청정보 : 등기원인은 매매, 매매예약, 등기원인일자는 계약서 작성일

② 첨부정보
  ㉠ 등기원인을 증명하는 정보 : 매매계약서나 매매예약서 등
  ㉡ 가등기의무자의 등기필증
  ㉢ 인감증명서 : 소유권의 등기명의인이 등기의무자인 경우에는 제공하여야 한다.
  ㉣ 등기원인서면에 대한 제3자의 허가서
    농지취득자격증명 제공 ×, 토지거래허가서 제공 ○

3. 가등기의 실행

본등기의 형식에 의하여 결정.

① 본등기가 주등기에 의할 경우라면 가등기도 주등기(독립등기)로 하여야 한다.

② 본등기를 부기등기로 하여야 할 경우에는 가등기도 부기등기에 의하여야 한다.

4. 가등기의 효력

(1) 본등기 순위보전적 효력

가등기에 기한 본등기가 행해지면 그 본등기의 순위는 가등기의 순위에 의한다.

(2) 처분금지효력, 권리변동효력, 추정력은 없다.

5. 가등기에 기한 본등기

(1) 원칙 : 공동신청

① 본등기의 등기의무자 : 가등기의무자○(제3취득자가 아니다.)

② 본등기의 등기권리자 : 가등기권리자 또는 가등기권리를 이전받은 자

6. 본등기 후의 조치

(1) 소유권이전등기청구권보전 가등기에 의하여 소유권이전의 본등기를 한 경우

① 원칙 : 가등기 후 본등기 전에 마쳐진 등기는 직권으로 말소한다.

② 예외 : 직권말소×

  ㉠ 당해 가등기

  ㉡ 해당 가등기상 권리를 목적으로 하는 가압류등기나 가처분등기

  ㉢ 가등기 전에 마쳐진 가압류에 의한 강제경매개시결정등기

  ㉣ 가등기 전에 마쳐진 담보가등기·전세권·저당권에 의한 임의경매개시결정등기

  ㉤ 가등기권자에게 대항할 수 있는 주택임차권등기, 상가건물임차권등기

  ㉥ 중간처분등기가 소유권이전등기인 경우 그 소유권이전등기를 직권말소하지 아니한 상태에서 그 이전등기를 기초로 하여 새로운 소유권이전등기나 제한물권, 임차권의 설정등기

(2) 지상권·전세권·임차권설정청구권가등기에 의하여 지상권·전세권·임차권설정의 본등기를 한 경우

① 직권말소

지상권설정등기, 지역권설정등기, 전세권설정등기, 임차권설정등기, 주택임차권등기

② 직권말소 ×

소유권에 관한 등기(소유권이전등기 및 소유권이전등기청구권보전 가등기), 가압류 및
가처분 등 처분제한의 등기, 체납처분으로 인한 압류등기, 저당권설정등기, 가등기가
되어 있지 않은 부분에 대한 지상권, 지역권, 전세권 또는 임차권의 설정등기와 주택임
차권등기, 가등기권자에게 대항할 수 있는 임차인 명의의 등기

(3) 저당권설정등기청구권가등기에 의하여 저당권설정의 본등기를 한 경우

가등기 후 본등기 전에 마쳐진 등기는 직권말소의 대상이 되지 아니한다.

2 가처분등기

1. 가처분권자가 본안소송에서 승소하여 소유권이전등기를 신청하는 경우

(1) 동시에 가처분등기 이후에 마쳐진 가처분채권자의 권리를 침해하는 제3자 명의의 등기는
가처분채권자가 단독으로 말소신청을 할 수 있다.

(2) 말소신청할 수 없는 등기 : 가처분등기 이후의 등기라 하더라도

⊙ 가처분등기 전에 마쳐진 가압류에 의한 강제경매개시결정등기

⊙ 가처분등기 전에 마쳐진 담보가등기 · 전세권 · 저당권에 의한 임의경매개시결정등기

⊙ 가처분채권자에게 대항할 수 있는 주택임차권등기

⊙ 가처분등기에 우선하는 저당권 · 압류에 기한 경매절차에 따른 매각을 원인으로 하여
이루어진 제3자명의의 소유권이전등기 등은 말소신청할 수 없다.

(3) 등기관이 가처분등기 이후의 등기를 말소할 때에는 직권으로 그 가처분등기도 말소하여
야 한다.

2. 가처분권자가 본안소송에서 승소하여 소유권이전등기의 말소등기를 신청하는 경우

(1) 동시에 그 가처분등기 이후에 마쳐진 가처분채권자의 권리를 침해하는 제3자 명의의 등
기는 가처분채권자가 단독으로 말소신청을 할 수 있다.

(2) 말소신청할 수 없는 등기 : 가처분등기 이후의 등기라 하더라도

㉠ 가처분등기 전에 마쳐진 가압류에 의한 강제경매개시결정등기

㉡ 가처분등기 전에 마쳐진 담보가등기·전세권·저당권에 의한 임의경매개시결정등기

㉢ 가처분채권자에게 대항할 수 있는 주택임차권등기 등은 말소신청할 수 없다.

(3) 등기관이 가처분등기 이후의 등기를 말소할 때에는 직권으로 그 가처분등기도 말소하여야 한다.

3. 기 타

(1) 가처분등기 이후의 등기의 말소를 신청하는 경우

신청정보의 내용 : 등기원인을 "가처분에 의한 실효", 그 연월일은 제공 ×

(2) 등기관이 가처분등기 이후의 등기를 말소하였을 때에는 지체 없이 그 사실을 말소된 권리의 등기명의인에게 통지하여야 한다.

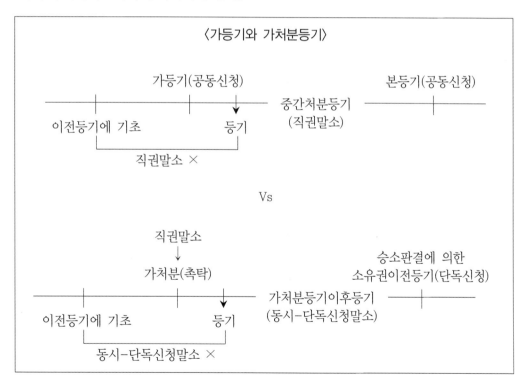

M·E·M·O

2023 박문각 공인중개사

이영진 필수서 2차 부동산공시법령

초판인쇄 | 2022. 12. 5. **초판발행** | 2022. 12. 10. **편저** | 이영진 편저

발행인 | 박 용 **발행처** | (주)박문각출판 **등록** | 2015년 4월 29일 제2015-000104호

주소 | 06654 서울시 서초구 효령로 283 서경빌딩 4층 **팩스** | (02)584-2927

전화 | 교재 주문 (02)6466-7202, 동영상문의 (02)6466-7201

저자와의
협의하에
인지생략

정가 13,000원

ISBN 979-11-6987-000-9